6월의 책

훈련소의 김승일

6월의 책
훈련소의 김승일

BadBedBooks

2015.02.02.

오늘 새벽에 김하늬를 데리고 왔다. 이제 회사에 가기 때문에 데려다주고 좋다. 늙어 죽으면 좋다. 그때에 더 살면 안 되나 후회하면서 죽으면 좋나. 안 그러는 것보단 좋다. 해야 좋를 너느냐 해량사를 너느냐. 이걸 끝없이 반복하는 노래를 내가 다시 지어내서 부르고 다녀야지. 나한테 데리러 오라고 해.
그리고 네가 모두에게 완자가 헤어져서 연재 끝난다고 하면서 웃었는데 생각해보니 진짜 웃겨서 웃었다.

항상 망설임 자체가 시라고 생각했고, 쓰면서 그것을 겪고, 읽으면서 그것을 겪는 것이 언제나 세상에서 가장 좋았다. 퍼포먼스 같았다. 시를 통해 인생을 퍼포머처럼 보내고 싶었던 것 같다. 그런 것은 가능하지 않아서 절망했다. 그렇지만 그렇게 살려고 살지 않더라도 김하늬와 함께라면 굉장히 많은 순간들을 세상에서 가장 좋다고 생각하며 살아갈 수 있다. 너를 보면 웃기고, 재미있고 세상도 그렇다. 행복하다는 말은 행복이라는 모호한 단어 때문에 정말 사용하고 싶지 않다. 저번에 일기에도 많이 쓴 것 같다. 세상에서 가장 좋다고는 말할 수 있다. 나는 원래 그렇게 말하는 사람이기 때문이다. 나는 무엇을 세상에서 제일 좋아하면 무엇이든 그것을 세상에서 가장 좋다고 말한다. 세상에서 제일 좋다. 내가 원래 그렇게 말하는 이유는 그렇게 말하면서 살아야 나 같은 사람도 행복할 수 있기 때문이다. 아 정말로 행복하다. 봐라 나는 일기도 계속 잘 쓰고, 시도 계속 쓸 것이다. 시는 쓰지 않을 것이다. 정말 좋아합니다 이번엔 거짓이 아니 김아니.

시간 같은 거 그냥 빨리 가버리겠다. 니가 읽고 싶어 하니 내가 뭔가를 계속 쓰겠다. 빨리 니가 봤으면 좋겠다고 생각했던 적도 있었던 것 같다. 지금도 그렇다.

2015.02.03. 06:10

진짜 너무 무서웠다. 자고 일어나니까 없어서 전화함 근데 원래 없었음.

2015.02.03. 10:11

이제 하루에 하나만 해야지. 그래도 살겠지?

2015.02.03. 17:30

와 정말 하루만 안 봐도 보고 싶은데 그래도 볼 수가 있고 어딘가에 있다고 생각하니까 기분이 날아갈 것 같네.

2015.02.04.

이 닦고, 리스트를 짜고 돈을 벌 궁리를 좀 해야겠다.

그래 오늘은 오늘이다.

2015.02.06. 14:45

막힘이 없이 쓰자.

2015.02.06. 21:07

일을 하고 또 하고 또 하고 또 하다가 집에 가서 함께 있고 또 일을 하고 일을 또 하고 일을 또 하고 일을 또 하고 일을 또 하고 일을 또 하다가 시를 쓰고 시를 쓰지 않고 써서 시를 썼다고 보여주고 보여주기 전에는 혼자 그걸 보고 웃고 보여주고 너를 보고 웃고 그렇게 시간은 흘러가고 2월의 책들이 앞에 많았으면 좋겠다. 2월 5일도 많이 보내고.
안 보고 싶을 때가 없어요.

아가라는 제목으로 시를 쓰려고 한 것 같다. 왜 그랬지 그걸 생각하면서 일기를 쓰면 되겠다.

시 쓰기: 꿈으로 초대하기

1. 강의 소개

 '시'라는 단어를 들으면 떠오르는 것들이 있습니다. '꿈'이라는 단어를 들어도 떠오르는 것들이 있습니다. '인생'이라는 단어를 떠올리면 생각나는 것들이 있습니다. 그러나 당신이 떠올리고 생각한 것들을 다른 사람들에게 전달하는 일은 어렵게만 느껴집니다. 내가 겪은 것들을 말로 설명하는 것은 쉽고 즐거운데, 어째서 글로 정리하는 일은 다소 벅차게 느껴질까요? 내가 꾼 꿈들을 가족이나 친구들에게 말로 설명할 때는 너무나도 이상하고 신기한데, 어째서 글로 풀어놓으면 그 재미가 반감되는 것일까요? 언어라는 게 도대체 뭔데, 내 인생의 중요했던 순간들을 이렇게 고루하게 만드는 것일까요? 시인으로 데뷔하여 열심히 시를 쓰고 있는 저 자신에게도 시 쓰기는 언제나 어렵게 느껴집니다. 그러나 누군가를 내 세계로 초대한다고 생각하면 어떨까요?

 우리는 글을 쓰면서 많은 것을 설명하게 됩니다. 하지만 사람들은 설명을 듣고 싶어 하지 않습니다. 사람들은 보고 싶어 합니다. 그 사람이 겪은 것을 함께 겪고 싶어 합니다.

내가 겪은 것들을 타인도 겪을 수 있게 하려면, 경험들을 단순히 늘어뜨려놓는 것으로는 부족한 것 같습니다. 최면술사가 사람들에게 최면을 걸듯이, 이 수업에서 여러분은 여러분의 꿈으로 다른 사람들을 초대할 것입니다. '지시어'라는 마법의 언어를 사용하면 누구나 그렇게 할 수 있습니다. 함께 초대장을 써봅시다. 시를 써봅시다.

2. 주별 강의 계획

1주: 최근에 꾼 꿈을 다른 분들에게 말로 전달해보고, 산문으로 정리해 봅니다. 프로이트의 꿈의 해석을 토대로 강사의 꿈 해몽 시간을 준비해 두겠습니다. 다음 주까지 매일 조금씩 꿈 일기를 써볼 것입니다. 꿈에서 본 것들을 일기 형식으로 메모합니다. 일기는 일기입니다. 최대한 자유롭게 써봅니다.

2주: 꿈 일기를 시로 바꿔봅니다. 영국의 계관시인이었던 테드 휴즈의 시작법을 토대로 강의합니다.

3주: 꿈에서 본 것들을 그림으로 그려 옵니다. 시로도 써옵니다. 그림으로 그린 꿈과 시로 쓴 꿈이 어떻게 다른지 비교해봅니다. 묘사, 상징, 알레고리에 대해 배워봅니다.

4주: 지금까지 쓴 시들을 낭독하고 합평합니다.

3. 강사 소개

김승일 시인. 1987년 경기도 과천에서 태어났다. 2012년에 한국예술종합학교 극작과를 졸업했다. 중앙대학교 문화연구학과 대학원을 수료하고 논문을 준비 중이다. 2009년 『현대문학』 신인 추천으로 시단에 나왔다. '는' 동인으로 활동 중이며, 문학과 지성사에서 나온 시집 『에듀케이션』이 있다.

2015.02.07.

일어나서 이것저것 쓰려다가 하나도 쓰지는 못했다. 작업실에서 연희 창작촌으로 와서도 휘강이와 많은 대화를 나눴다. 요즘에 그렇듯이 결론은 하늬 자랑이었다. 그래도 글 얘기 많이 했다. 어제는 조금 놀랐다. 시나 문학에 대한 생각이 나와 너무 닮아 있어서 그랬다. 이런 것도 운명이구나 싶었다. 정말 왜 이렇게 인복이 많은 것인지. 휘강이와 정식 씨가 대화를 하고 있을 때 하늬에게 쟤가 나보다 잘 썼으면 좋겠다고 속삭였다. 그럴 수는 없겠지만. 그렇게도 말했다. 잘 쓴다는 건 없으니까. 그렇지만 어떤 글을 읽고 정말로 좋으면 세상이 다 좋지. 그 좋음은 내 생각에; 전달하기 어려운 정보를 전달하는 기쁨에 기반하고 있는 것 같기도 하다. 그렇지만 나를 제일 잘 아는 사람은 내 시와 시를 보는 나와 시를 쓰는 나와 시를 쓰지 않을 때의 나만을 아는 어떤 사람은 아닐 것이다. 만약 정말로 전체성이란 게 있다면 내 전체성을 좋아해 주는 네가 있다. 그것이 중심성?이라는 개념과 어떻게 다른지 알아보고 싶다. 많은 사람들이 나를 잘 안다. 그리고 좋아해주기도 하고. 그건 내가 비밀이 없어서 그런지도 모르지. 하지만 너에게 말한 것처럼 나도 비밀이란 게 있다. 그렇지만 너에게는 없다.

2015.02.08. 10:35
___

어제 이상했다. 내가 틀린 것은 아니지만 니가 다 맞는 것도 아니지만 너를 믿고 니가 맞고. 집에 오니 사랑하는 마음이 심해서 몸이 떨렸다.

2015.02.08. 23:32
___

군대 나왔을 때마다 싸이월드 노래 샀다고 휘강이가 엄청 병신이다라고 말했다.

김승일 박성준 대담

일시 : 2015년 2월 1일 오후 12시 30분
장소: 연희문학창작촌

　이번에 박희수 시인이 쓴 산문을 보니까, 본인이 이미 자신이 왜, 어떻게 시를 쓰는지 너무 잘 알고 있는 것 같아. 우리가 딱히 덧붙일 말이 있을까 싶네. 전체적으로 언어가 다룰 수 없는 것을 다루려고 하지만 계속해서 실패하는 것처럼 보여. 그리고 그 실패가 이제 별로 자기 자신한테 거리낄 게 없어진 것 같아. 시인이 본인도 완전히 이해할 수 없는 감각이나 관념들을 전달하고자 경우에는 근본적으로 표상에 있어서도 전달에 있어서도 실패를 양산하게 되잖아? 이번에 읽어볼 시로 박희수를 추천하면서 박희수 시인이 몇 년 전에 한창 지시어를 많이 사용해서 시를 써나가던 시기를 상상했어. 마치 게임 텍스트를 읽는 것처럼 색달랐거든? 나는 사실 그런 부분들은 좀 기대했어. 그 형식이 얼마나 진행되었을까 궁금하기도 했고. 근데 이제 보니 다시 초심으로 돌아간 것처럼 보여.

「물고기들의 기적」이라는 시의 경우에는 흡사 과거에 박희수 시인이 썼던 장시처럼 보일 수 있지만 실제로는 그렇지 않은 것 같아. 예전보다 자연 그 자체가 인간보다 주체로서, 혹은 화자로서 등장하는 것처럼 보이거든.

많은 사람들의 기대와는 다르게, 사실 희곡 작품에서는 대사의 표현력이 어떤 캐릭터를 구축하는 경우가 굉장히 드문 것 같아. 오히려 어떤 정보를 전달하느냐, 화자가 어떤 상황 속에서 대사를 전달하고 있느냐가 더 관건이 되지.

박희수 시의 뻔한 구도와 대치는 의도된 것이라고 생각해. 박희수 시에서는 자연과 화자의 갈등이 어떤 표현을 통해서든 자주 이지적인 것으로만 보이는 것 같아. 그건 어쩌면 박희수의 화자들이 가진 특징이면서 단점이기도 한 것 같아. 이지적인 갈등도 갈등이지만 어째선지 갈등이라는 것의 핵심인 '힘'이 느껴지지 않는다고나 할까? 예전엔 그래도 분노나 욕지거리가 어느 정도 그러한 힘을 보충해줬지만 이번 시편들에는 그런 힘은 잘 느껴지지 않아. 물론 나는 그게 완전히 단점이라고만 생각하진 않아. 내가 아는 누가 그랬거든 "전체성 나는 전체성을 얻을 수 없네"라는 박희수의 그 문장이 "나는 잎새에 이는 바람에도 괴로워했다"는 윤동주의 시구와 같은 맥락으로 받아들여지곤 한다고. 「물고기의 기적」에 보면 괴로움투성이야. 단순히 폐수가 흐르기 때문에 괴로운 건 아닐 거야. 첫 행이 시작했을 때부터 자연, 생명이라는 것 자체가 수많은 질문을 낳고 이해를 넘어서 있잖아? 전체성, 전체성을 나는 얻을 수 없지만 그걸 계속 풀어놓으려고 시도할 수밖에 없는 강박에 시달리고 있는 것 같아. 갈증은 해소되지 않고. 계속 잎새에 이는 바람에도 괴로워하는 거지 뭐. 남들도 다 그렇게 고통스러우니까. 이런 고통을 선험적이라고 볼 수 있을까? 아니면 선험적 고통 받고 있다는 일종의 착각, 맹신을 하고 있는 것일지도.

그래 전략 자체는 순진하지. 솔직하게 말하자면, 이번에 임솔아 시인이랑 박희수 시인의 시를 기다리면서 가졌던 기대가 충족됐다고 말하기는 어려울 것 같아. 방금 언급한 얘기들도 전부 다 동의할 수밖에 없는 것 같아. 그런데 사실 나는 그 고루하고 너무 정직한 구도를 가지고 있는 것처럼 보이는 박희수의 시가 바로 그런 면에서 유니크하다고 생각해왔어. 개인적으로 시를 다루는 솜씨의 부재 따위를 원래 별로 중요하게 생각하지도 않고. 박희수 시인에게 센스가 없다고 생각하지도 않아. 박희수는 아무도 하지 않았던 짓을 선도하는 척 굴면서 돋보이려고 하는 것이 아니라 그냥 자기가 본 것을 보여주면 그것으로 되는 것처럼 군다고 생각해. 한편으로 박희수 시의 특징은 화자의 부재라고 말할 수 있을 것 같아. 박희수 시의 화자들은 관조적이면서 관조적이지 않은데 박희수의 산문을 보면서 더 깨달았어. 이 화자가 원래 이런 애구나 싶더라고. 방금 전에 언급한 것처럼 누가 어디서 어떻게 말하느냐가 똑같은 내용과 똑같은 가치관을 가진, 변별력 없는 현대인(시인)들의 시들을 변별력 있게 만들어주곤 하지. 그렇지만 그것만이 전부일까? 그게 정말 남들과 다른 무엇일까? 박희수의 시에 등장하는 사람들은 아무리 화를 내고 욕지거리를 하더라도 어쩐지 어떤 개별적인 캐릭터로는 절대 느껴지지 않더란 말이야. 무슨 그리스 시대 코러스처럼. 근데 오히려 박희수의 시가 기대되었던 부분은 이런 거였어. 얘가 이래서 뭘 하려고 하는 걸까? 어쩌면 이 밋밋하고 순진한 화자가 박희수라는 시인 그 자체가 아닐까? 혹은 지향점이 아닐까? 그렇게 생각하고 있으니 기대가 안 될 수가 없더라고. 이번에 시를 읽고도 그랬어. 참 당할 수가 없구나. 그런 생각을 했어.

그래 물론 화자는 부재할 수 없어. 우리가 사진기를 가지고 찍었을 때 그걸 객관적인 화자라고 하잖아. 하지만 카메라 뒤에는 필연적으로 사진사가 있기 때문에 사진 역시 굉장히 주관적인 거라고 할 수 있지. 나는 박희수가 관념을 보여주기 위해 카메라를 사용하고 있는 것 같다고 느끼기도 했어. 그러나 시라는 것이 과연 그것에 성공할 수 있는 장르인가? 내 경우에도 종종 이런 식의 질문을 스스로에게 던지곤 해. 하지만 막상 시를 쓰려고 하면 일단 그런 장르가 아니라고 판단하고 작업을 진행하곤 하지.

나의 가슴에 뾰족하게라는 표현과 태양의 경첩이라는 이미지는 사실 쉽게 표상되거나 와 닿는 류의 표현이 아니야. 원관념임에 가까움에도 불구하고 말이야. 노숙해서 와 닿지 않은 것도 분명 있을 거야. 그런데 이런 질문을 한번 던져볼 필요가 있는 것 같아. 독자에게 혹은 자기 자신에게조차 쉽게 표상되거나 상상되지 않는 이미지가 실제로 있다면 어떻게 해야 할까? 나는 아마 더 구체적으로 표현하고자 하다가 실패할 거야. 그리고 그 실패를 나열하여 보여주는 쪽을 택하겠지. 하지만 박희수는 실패하지 않음으로서 실패하는 표현을 그대로 독자에게 보여주고자 하는 것 같아.

산문의 마지막이 압권이야. 나 할 수 있는 거 여기까지다. 내가 하려는 게 있는데 내가 지금 할 수 있는 것은 여기까지야, 라고 말하는 것 같아. 벙찌는 거지. 박희수가 비언어를 언어로 번역하는 것에 더 마음이 가 있었다. 선불교에서 보고 배운 것도 그러한 놀라운 언어의 자유로운 운용이었다고 하는데. 그런데 박희수가 자유라는 게 참 모호한 단어인데, 그 자유 속에서 정말 쓰고 있는가? 자기가 생각하는 자유 속에 있는 것뿐만은 아닐까? 언어감이 떨어진 사람이면서 언어감에 구속을 받지 않는 것이 자유라고 생각하고 있는 것은 아닐까?

그리고 아직도 현재진행중이야. 방금 얘기한 이 산문에서 중요한 것은 무엇이냐면, 정말 군더더기가 하나도 없고 어떻게 할 말만 이렇게 정확하게 하는지. 당할 수가 없는 것 같고. 이 사람 시에 대해서 얘기하는 것도 쪽팔려. 이미 지가 다 아는데 뭘 얘기를 더하지 싶고. 최근엔 어떤 시를 봐도 내가 할 말이 너무 많아. 왜 이런 시를 썼는지 눈치를 채면서 독서한다는 것이 답답할 때가 있어. 최근의 시인들 시를 보면 박희수의 시보다 세련되고, 무슨 말인지 몰라도 어째서 매력적인지 너무 쉽게 파악하곤 하지. 시인이 담론과 호흡하면서 시를 쓰고 있기 때문에 각각 다 비평가가 됐다고 생각하고. 근데 이 모든 게 나를 지치게 만들어. 그래서 나 같은 경우에는 비평가에게 비평을 받지 않으려면 어떻게 써야 하나? 생각을 많이 했고. 나는 박희수의 이번 시를 분석하고 비평한다는 게 큰 의미가 없을 것 같아.

사실 나는 임솔아 시인이 지금 여기가 아니라 더 멀리를 읽을 수 있는 시인이라고 생각해서 이번에 함께 읽어보고 싶었거든. 그런데 '더 멀리'라는 건 그저 물리적 거리나 심리적 거리만을 뜻하는 것이 아니었어. 그런 맥락에서 박희수에게서 그랬듯이 임솔아의 산문을 읽고 아주 놀랐어. 임솔아 시인의 산문에 보면 사후세계에 대한 얘기가 있는데, 나한테도 너무 많이 공감되는 얘기였어. 나는 이 시대가 상상할 수 있는 것들로만 가득 차있다고 생각해. 인문학의 죽음이라고 떠들지만 실상 그건 인문학이 정말로 죽었기 때문이 아니라 너무 생생하고 탐욕스러운 생명력을 가지고 있기 때문에 나오는 말이라고 생각해. 기성의 관념들이 죽어지지 않는 세계 속에서 제3세계의 고통에 대해 말한다는 건…… 그 도식 자체가 고통이지. 여기가 아니라 어딘가에 대한 것, 이것이 아닌 무엇을 얘기하려는 태도는 다른 시인들에게도 있지만 임솔아 시인은 그 태도 하나에 의지한 채로 시를 쓰고 있다고 파악했어. 그러나 내가 다소 실망한 것은, 아까 윤리라는 단어가 나왔는데…… 임솔아 시인이 산문에서 "소냐는 이야기의 끝까지 끔찍한 인간들 곁에 남아 끔찍한 인간을 사랑했다"고 언급했거든? 나는 꼭 한 번 물어보고 싶어. 임솔아 시인에게 사랑이 뭐에요? 이건 본래 대답할 수 없는 질문이지만 그래도 한 번 더 물어보고 싶어져. 그 사랑이라는 단어가 임솔아 시인의 시에서 해결책처럼 느껴지곤 하거든. 나자로에 대한 예수의 사랑은 실상 윤리를 뛰어넘어 존재하는 것으로 보이거든. 성경이라는 것이 사실 상상할 수 없는 얘기들이지. 그런데 임솔아의 시는 결론부에서는 쉽게 상상할 수 있는 것들 "괜찮아, 우린 함께 있으니까"라고 하는데 실상 나자로가 부활했을 때 나자로는 별로 괜찮지 않거든. 부패한 나자로가 다시 부활해서 어떻게 됐을까? 궁금하게 생각하면서도 시 속에서는 그러한 궁금함이 산문에서보다는 크게 포착되지 않는다는 생각을 했어.

그렇다고 딱히 현실을 철저히 구체적으로 묘사하고 있지도 않아. 그건 어쩔 수 없는 일이지. 우리 세대는 다른 사람이 얘기할 수 있는 수준에서밖에 사실 얘기할 수 없으니까. 그러나 임솔아 시인은 위로, 동정을 찾는 마무리를 다소 많이 보여주는 것처럼 보여. 상상할 수 없는 고통이란 무엇일까? 세대 경험으로서의 고통일까? 제 3세계의 고통일까? 아니면 사려 깊거나 비정한 눈길로 이곳과 그곳에서 찾을 수 있는 소시민적인 고통일까? 여기서 도스토옙스키를 언급하는 게 가당할까 모르겠지만 한 번 얘기해보고 싶어. 도스토옙스키의 소설도 결말에 가서는 화해와 용서 그리고 사랑이 해결책처럼 제시되곤 하지. 그렇지만 도스토옙스키의 경우에는 세상 고통 어떻게 덮을 수가 없어서, 이 세상이 너무 망조가 들어서 소시민이 어디부터 손을 대야 할지 몰라서 절망 또 절망하잖아. 바로 거기서 도선생은 마치 카라마조프 씨네 일가들 마지막 장면에 나오는 것처럼 착한 미청년 하나랑 아이들이 손을 잡고 신의 나라, 사랑의 나라로 걸어

가게 하거든. 오히려 그렇게 거칠고 투박한 종교적 사랑이 내가 보기에는 이 세계의 절망을 더 오롯이 비추는 것 같이 느껴지곤 해. 이 사람이 어쩔 수 없어서 여기를 이런 식으로 막아뒀구나 싶은 거지. 무슨 도스토옙스키랑 임솔아 시인을 비교하면서 도 선생이 더 낫다 아니다. 이렇게 말하려는 게 아니야. 단지 과연 임솔아 시인이 자신이 사랑이라고 생각하는 사랑, 문장들을 정말로 사랑이라고 믿고 있을까? 그게 궁금해.

예를 들면, "너는 흔쾌히 눈사람 귀마개를 쓰고서 거리를 쏘다닌다. 셋 중 한 사람은 똑같은 걸 쓰고 있는 거리를 쏘다닌다.", "세계는 세계에 대한 헛걸음이다./나를 모형과 함께 세워 둔다." 이러한 시구들을 읽으면 마음속에서 "그래, 그래도 살아가야 하는구나. 그래도 시를 써야 하는구나"라는 생각이 든다기 보다는, 지금 "임솔아 시인이 '그래, 그래도 살아가야 하는구나. 그래도 시를 써야 하는구나'라고 말하고 있구나"라는 생각이 더 먼저 든다는 거지.

여기서 보들레르라는 옛날 시인을 다시 언급하고 싶은데. 벤야민이 보들레르 비판할 때에도 정확이 이렇게 비판하는데. 새로운 시를 쓰기 위해서, 새로운 상품을 만들기 위해서 목적이 전도가 되어 위로하고 위안하는 시를 계속 생산해낸다면 이 시는 사람들이 시라고 생각하는 시로서만 기능할 거라고 생각해. 마치 보들레르가 넝마주이들을 대중을 향락을 옳다고, 우리 어차피 다 고통스러우니까 여기서 무언가 찾을 수 있다고, 버틸 수 있다고 말하는 것이 과연 정치적인 것일까? 그것이 정치적 체념처럼 느껴지게 되는 거지. 물론 임솔아 시인의 시가 정치적으로 체념 속에서 쓰이고 있다고 생각하진 않지만. 그리고 나조차도 어떻게 내가 새로움에 경도되어 무언가를 습관적으로 만들어 내지 않을 수 있을까 많이 고민하지만. 나는 해보고 싶고, 보고 싶어. 오늘 일기에도 썼는데. 항상 망설임 자체가 시라고 생각했고, 쓰면서 그것을 겪고, 읽으면서 그것을 겪는 것이 언제나 세상에서 가장 좋았어. 퍼포먼스 같았어. 시를 통해 인생을 퍼포머처럼 보내고 싶었던 것 같아. 그리고 나는 임솔아 시인이 그런 동료일 수 있지 않을까 싶어지곤 하더라고. 다른 시인들에 비해서.

산문에 임솔아 시인이 앙리 미쇼의 시를 첨부한 걸 봤는데. 이걸 임솔아가 썼다고 생각하니까 기분이 너무 좋더라. 이 시의 마지막에 "굴 껍질을 깨고는 웃어 대는 광인처럼/나는 외친다/나는 외친다/망연하여 나는 외친다 너를 향하여"라는 이 시구가 진짜 좋아. 그런데 과연 임솔아 시인의 시에 이런 외침이 있는가? 이와 똑같은 외침이 있을 필요가 있다고 말하는 건 아니야. 하지만 임솔아는 세속의 얘기를 쓰지만 세속의 얘기처럼 보이지 않는 글을 쓰게 되는 것 같아.

　육성에 대한 얘기는 앞에서 박희수 시인 얘기할 때도 언급됐지. 아까는 화자를 어떻게 운용하느냐에 초점이 맞춰졌던 것 같은데.
　육성이 부족하다고 얘기하긴 했지만, 육성이 부족하니 그걸 강화해, 끔찍함이 부족하니 그걸 강화해. 무슨 꼰대처럼 그걸 강화해 달라고 말하고 싶은 건 아니야. 단지 나는 최근의 시단에서 공공성을 가진 육성을 본 적이 별로 없는 것 같아. 시 텍스트 내부에는 아무것도 없는데 육성만 강화된 시들이 얼마나 많은가 싶어. 또 공공성을 위장한 육성들은 얼마나 많지? 오히려 박희수와 임솔아에게는 세계에 대한 욕망을 가진 사람들처럼 보이고, 지금 말하고 있는 것으로 만족하지 않으려는 것처럼 보여. 그런 사람들의 목소리를 육성이니 뭐니 명명하는 것도 가당찮은 것 같아. 뭘까? 솔직히 아직 잘 모르겠어. 앞으로도 오래 기다려야 할 수도 있겠지. 하지만 타협하지 않고 계속 시를 써서 내가 그걸 읽고, 나도 시를 계속 쓰고 싶다고 생각할 수 있게 도와주면 좋겠어. 그래서 이 사람들 목소리가 너무 많이 기대가 돼.

2015.02.09.

ㅋㅋㅋㅋㅋ 김휘강이 일어나서 <u>으흐흐흑</u> 하면서 얼굴 찡그리고 울려고 해서 왜 그래 피곤해? 물어보니까 "일어나면 원래 항상…… 일어나면 너무 슬픈 것 같아요" 하면서 계속 으흐흑 한다.

Guilty Pleasure

　싸이월드에 전체 공개로 사적인 일기를 쓰는 것을 '아직도' 끊을 수 없다. 헤어진 애인들이 남들 다 보는 일기에 자기 이름 좀 쓰지 말라고, 제발 좀 닥치라고, 도대체 왜 그러는 거냐고 가끔 묻는다. 미안해 내가 정말 어디 문제가 있나 봐. 근데 너 아직도 내 일기 좋아하니?

2015.02.12. 18:59

스나크가 무엇인지 궁금하지 않다. 그것은 시가 무엇인지 궁금하지 않은 것과 대동소이한 것이다. 아니다 그냥 같은 것이다. 아니다.

내가 시를 쓰지 않겠다고 말하는 것은 스나크를 잡지 않겠다고 말하는 것과 대동소이하다. 맞다. 이것은 대동소이하다. 크게 같고 작게 다르다.

나는 시를 쓰지 않겠다고 말해야만 무언가를 쓸 수 있다고 판단하기 때문에, 그리고 실제로도 그렇게 되어버렸기 때문에 책상에 앉아 스스로에게 말한다. 쓰지 말라고. 그렇다면 나는 잡지 말라고 말해야 하는 것인가?

나는 BBB를 어떻게 생각하는가? 나는 왜 이 회사가 있어야 한다고 생각했는가? 이제 나는 BBB를 마주할 때에 이렇게 말할 수 있을지도 모른다. BBB는 무언가를 계속 했지만 스나크는 잡지 않았다. 잡으려고 했기 때문이다. 하지만 BBB의 사람들은 스나크 사냥의 B들과는 다르다. 정말로 다른가. BBB에 대한 얘기로 넘어오니 재미를 잃었다. 그렇다면 어떻게 재미를 찾을 것인가? BBB에 대한 얘기를 쓸 것이다. 그것은 확실하다. 그렇다면 무엇을 쓰지 않기로 결정할 것인가? 그것이 내가 글을 쓰는 방식이다. 그렇다면 캐럴은 무엇 쓰지 않기로 결심했는가? 그것은 나와는 상관없는 일이다. 어쩌면 나는 BBB가 무엇을 하지 않기로 결심해나가는지를 기록하고 그것과 대동소이한 것으로써 캐럴이 무엇을 쓰지 않으려고 했는지 추측할 것이다. 그러나 나는 모를 것이다. 나는 추측도 쓰지 않을 것이며 내가 모르는 것은 쓰지 않을 것이다. 나는 내가 까먹은 것만 쓸 것이다. 망각한 것들만.

나는 물을 것이다. 어디까지 했죠? 어디까지 했지? 그리고 누가 내게 말해주면 그것만 쓸 것이다. 여기까지가 올해 내가 쓰려는 것이다. 물론 이전에도 그런 것을 썼다고 생각한다. 어디까지 썼죠.

오늘 이상하게 너무 피곤해서 숨이 잘 쉬어지지 않고 미칠 것 같은데 글을 쓰니까 조금 낫다. 그렇지만 숨이 잘 쉬어지지 않는다. 왜 이렇죠? 아무도 말해주지 않는다. 병원에 가도 말해주지 않는다. 스트레스 때문이라고 한다. 만약에 하우스 같은 의사가 있다면 나도 인질극을 할 것이다. 어서 밝혀내라고. 그리고 하우스가 만약 진단에 성공한다면 나는 그것만 쓸 것이다. 하지만 하우스가 진단을 하면서 물을 것이다. 어디까지 했지? 그러면 부하 의사가 어디까지 했는지 말을 할 것이다. 그러면 하우스는 그것만 쓰는가? 아니 그렇진 않을 것이다. 나도 그것만 쓰지는 않을 것이다. 그것으로 쓸 것이다. 그것이 쓰기의 메커니즘이다. 그리고 나는 이 메커니즘이 싫다. 어떻게 이 작동 원리를 잊을 것인가? 나는 읽는다. 그들의 글에서 잊기 위한 노력만을 본다. 그런 노력이 없는 글들을 나는 기억한다. 그런 글들은 실패도 성공도 아니다. 나는 그런 글들을 글이라고 생각하고 싶지 않다. 그러나 그것들이 글이기 때문에 나는 그것들을 잊지 못하는 것이다. 이것들을 잊기 위해 노력하는 것은 시간 낭비다. 정말로 그런가. 정말로 그런가. 이런 질문도 문학의 작동 원리다. 나는 이 질문을 벗어나야 한다. 그것이 가능하려면 무엇이 더 필요한가. 전략의 연속이 하나의 글이 된다. 나는 점검한다. 무엇을 위한 전략인가.

전략이란 말도 그만 써라.

2015.02.12. 22:35

병무청 잘 될까. 군대 정말 힘들다.

거기에 있다고 상상하면 나아지나. 맥간에 있다고 상상하면 괜찮나. 그렇지 않다. 만약 내가 괴롭다면 맥간에 있다면 나아진다. 그렇지 않다면 그렇지 않다.
나가서 면도기도 하나 사야겠다. 피가 철철 흘렀다.

음악 취향 가게

 어떤 가게도 내 음악 취향을 만족시킬 수 없으며, 내 취향을 만족시키는 가게가 괜찮은 가게일 것 같지도 않다. 나는 요즘 어떤 친구랑 포스트 록의 스피릿을 알앤비로 승화시키고, 그 위에 발라드를 얹은 다음 래퍼 도끼의 제스처를 곁들이고 티아라의 전 멤버인 화영의 피처링을 가미한 엠비언트 듀오를 결성하기 위해(2021년쯤) 노력 중이기 때문이다. 나는 가게 주인이 어떤 취향을 가지고 있는지를 더 흥미로워하는 편이다. 연남동에 위치한 한식당 오우(OU)에는 스팅, 쳇 베이커, 빌 에반스, 포플레이, 파트너스가 흐른다. 고인다. 솔직히 처음엔…… 한식당에서 재즈만 계속 튼다는 게 오히려 너무 정직한 언밸런스 전략처럼 보였다. 그런데 어쩌면 이 식당이야말로 재즈가 가장 어울리는 곳인지도 모르겠다. 그릇, 조명, 음식 하나부터 열까지 깔끔하고, 정갈한 식당. 또 먹고 싶은 음식. 주방과 카운터를 쉼 없이 오가는 주인아저씨. 어쩐지 너무 필사적인 것 같다. 그래도 여유로운 미소는 잃지 않는다. 이 가게의 음악은 손님만을 위한 음악이 아니라, 주인아저씨 자신을 위한 음악인 것도 같다. 저 아저씨는 재즈처럼 살고 싶은가 보다. 그게 정확히 뭔지는 모르겠지만 꼭 그렇게 사셨으면 좋겠다. 이미 그런가.

결혼

 두 사람이 나오는 소설을 읽으면 안심이 된다 한 사람이 나오면 그 사람은 실패한다 두 사람이 친구라면 두 사람이 형제라면 두 사람이 남매라면

 구분할 수 없는 두 사람이 나오는 소설은 그녀가 좋아하는 소설이다 그러나 프레디와 주이는 다섯 살 터울의 남매다 다섯 살 터울의 남매는 틀림없이 구분된다 그러나 프레디는 주이에게 말한다 난 정말 그런 사랑이 있었으면 좋겠어
 주이가 프레디에게 말한다 그런 사랑을 해보자

 둘은 일주일 동안 그런 사랑을 연기한다 그러나 그런 사랑은 할 수 없다 우리가 일란성 쌍둥이라면 그런 사랑을 할 수 있을까 그래도 연극을 일주일 동안 하다니 기록적인 일이다

 기숙학교

기숙학교는 두 사람을 갈라놓는다

자퇴

휴학

자퇴와 휴학은 두 사람을 다시 집으로 불러들인다 집은 두 사람을 다시 두 사람으로 만든다 끝난 연극을 다시 하는 두 사람 어떤 소설에도 그런 두 사람은 등장하지 않는다 끝난 연극은 끝난 연극이다 끝난 연극은 끝난 연극이다 그러나 옛날에 했던 연극 있잖아? 주이가 그렇게 말하고 프레디가 고개를 끄덕이는 날

그들은 결혼한다 어떤 사랑하는 마음으로 그런 사랑하는 마음을 잊지 않은 채
윤정식과 백은선을 축하한다

2015.02.14.

내가 만약 내 결혼에 대한 시를 쓴다면 이 시에서 하고자 한 얘기와는 다른 얘기를 하게 될 것 같다. 어쩌면 나도 한 사람처럼 느껴지는 두 사람에 대한 소설을 쓰게 될 수도 있다. 그런 소설을 좋아하기도 했던 것 같다. 하지만 만약 그런 한(두)(한)(두)(생략) 사람이 존재할 수 있다고 해도 나는 그런 사람이 되기를 원치 않는다. 같이 괴로운 사람이 아니라 그를 위해 괴로워해줄 사람이 존재할 수 있다면 나는 그런 사람을 이제 사랑한다. 이런 사랑하는 마음으로 그런 사랑하는 마음은 잊지 않는 것이다.

2015.02.15.

좋다

2015.02.16. 02:08

자본주의 모순 폭로나 기독교적 구원의 가능성 확보를 위해 욕망 분석을 시도하는 것은 꽤 가치 있는 일인 것처럼 보인다. 그러나 실제로 창작에 그러한 것들이 필요할까? 문예창작과 대학원으로 진학하지 않더라도, 글을 '쏜다'는 것이 무엇인지에 대해 연구하고 싶다. 독해가 아니라 창작에 대한, 창작하고 있는 사람에 대한 연구는 어떻게 가능한가? 어쩌면 이걸 논문으로 쓸 필요는 없을 것이다.

두서가 없지만.

일단은 이강진 글을 먼저 쓰는 것으로 하면 좋겠다.

안정적인 직업을 가지고 나서 문학을 해도 괜찮다고 말은 하고, 전업 작가는 싫다. 하지만 쓰는 행위에 대해서만 오롯이 판단하는 것에 그가 탁월한 이유는 어쩌면 그가 그냥 쓰는 일만 생각하고 살기 때문이다. 그렇게 하려면 안정적인 직업은 필요 없다. 직업이 없어야 한다는 판단은 아니다.
그가 탁월하지 않은 이유 역시 그가 쓰는 일만 생각하기 때문이다. 쓰는 일만 생각하려면 쓰는 일이 아닌 일의 방해가 필요하다. 그래야 쓰는 일이 대상이 되기 때문이다.

그렇다면 나의 경우엔 어떠한가? 솔직히 잘 모르겠다. 그럼 알아라. 써라. 어떠한가.

도스토옙스키 알료샤 탐정 소설에 대해서 써보려고 했다. 에필로그에 대한 글은 이미 썼다. 다 썼다고 할 수는 없을지도 모르지만 에필로그란 단어를 상기하면서 에필로그에 대해 더 쓸 수는 없다. 어쩌면 에필로그에 대한 글을 쓰게 될지도 모르지만 쓰지 않으려고 해야 한다고 생각한다. 에필로그가 대상이 된다면 과거에 내가 쓴 에필로그에 대한 모사만 남을 것이기 때문이다.

대상에 대한 모사는 르네 지라르 책에 나온다. 대상을 갈구하면 모사한다.
이 책을 읽고 이 책과 절연하는 방법만 찾으면 텍스트 사회학을 전공할 것인지 아닌지에 대한 판단이 설 것이다. 사실 사회학을 전공해야 할 필요는 없다.
나는 어째서 미첼의 책을 이토록 좋아할까. 어째서일까. 시인의 대타자 때문이다. 시의 대타자 때문이다. 대타자 때문인가? 종교 때문인가? 아니면 종교의 대타자 때문인가? 죽음의 대타자 때문인가? 대타자의 대타자 때문인 것 같다. 그렇지만 그런 연속에 매력을 느꼈던 시절은 보르헤스를 더 읽고 싶어지지 않으면서 끝났다고 할 수 있을 것이다. 정말로 읽고 싶어지지 않는가? 그렇다.
연속의 대타자는 무엇인가? 멈춤의 대타자는 무엇인가? 멈춤과 연속의 대타자는 무엇인가? 범주의 대타자. 그것과 그것의 대타자는 대타자인가. 딸과 아들의 대타자는 무엇인가? 아들과 아들의 대타자는 한사람인가?

알료샤는 대심문관의 얘기를 듣고 이렇게 말한다. 형님은 왜 그런 생각에 빠지셨을까? 누가 도대체 대심문관 얘기를 듣고 왜 그런 생각을 하게 됐냐고 묻겠는가? 어떻게라고 묻지 않고.
알료샤다. 그리고 나다. 나는 왜 그런 생각을 하게 됐냐고 묻는다. 그러나 그런 호기심을 정신 분석가의 그것이라고 할 수는 없을 것 같다. 나는 관심을 갖지 않는다. 나는 호감을 갖는다. 호감이 관심이다. 그러면 관심을 갖지 않는다고 말하지 말아야지. 나는 그들의 답을 가지고 나 자신을 돕지 않는다. 나는 내 질문으로만 나 자신을 돕는다. 그것이 알료샤의 태도다.
탐정이 탐정 일을 통해서만 자기 자신을 돕는 것은 하우스의 일이다. 이는 어쩌면 상당히 인위적이고 극적인 도식일 수 있다. 질문과 주체성.

그러나 어떠한 질문도 실제로는 스스로를 돕지 못한다.
스스로 돕는 사람.

2015.02.16. 17:15

다시는 가기 싫었던 곳도 같이 가고 싶다.

김하늬와 이렇게 되기 전에 김하늬를 생각했던 때에도 이렇게 마음이 이상했던 것 같고 사실 그렇게 다르지도 않은 것 같고 앞으로도 그럴 것 같다. 심장에서 피가 머리 쪽으로 올라가서 눈으로 나올 것 같은 기분이다. 눈물이 나올 것 같은 느낌과는 다르다. 손바닥에 구멍 나는 것과 대동소이하다. 그리고 나는 언제나 바로 이런 기분에서 나는 시를 쓰곤 했는데 왜냐하면 오로지 시를 쓸 때만 집중할 수 있었기 때문이다.

캐럴에 대해서 쓰기 위해 일기를 쓰다가 대동소이라는 말을 썼다. 제유법을 상기시키는 말이다. 사실 그렇게 다르지도 않은 것 같고, 사실 그렇게 다르지도 않은 것 같고, 정말로 그렇게 다르지 않다. 하지만 너와 나를 둘러싼 단어가 다르다. 단어가 다르면 많은 것이 변한다. 너와 나는 변하지 않는다. 이제 나는 묻는다. 그렇다면 그전에 우리를 둘러쌌던 단어는 무엇이었는가? 복잡하다. 그렇다면 지금 우리를 둘러싼 단어는 복잡하지 않은가? 당연히 복잡하지. 그래서 결혼이라는 단어를 좋아했다. 다 없애는 힘이 있으니까.

단어를 각별하게 생각하지 않는다면 사회적 삶도, 그 이외의 삶도 실은 무가치할 것이다. 그러나 단어가 가진 힘이 물신적인 것만은 아니다. 단어의 힘은 파괴적인 것이다. 결혼이라는 단어처럼.

그러나 한편으로 내 어린아이는 단어를 각별하게 생각하지 않는다. 내 어린아이는 그 어떤 단어도 각별하게 생각하지 않는다. 내 어린아이는 어떤 것도 각별하게 생각하지 않는다. 내 어린아이는 너를 생각한다. 내 어린아이는 단어를 생각하지 않는다. 내 어린아이는 결혼이라는 단어도 생각하지 않는다. 내 어린아이는 결혼이라는 단어를 가끔 생각한다. 내 어린아이는 단어의 파괴적인 힘을 생각한다. 내 어린아니는 가슴속이 상쾌해지는 것을 느낀다. 내 어린아니는 다시 너를 생각한다. 내 어린아니는 단어를 생각하고 너를 생각하고 단어를 잊고 다른 모든 것을 잊는다. 내 어린아니는 모두 잊는다. 그리고 바로 그럴 수 있을 때만 시를 쓴다. 시를 쓰지 않는다. 내 어린아니는 그렇게 한다.

꽤 멋진 일기다.

내게 왜 일기를 그렇게 쓰냐고, 남 얘기를 왜 언급해서, 왜 상처를 주냐고 사람들이 물었다. 왜 내 얘기를 비밀로 만들지 않고 퍼뜨리냐고 사람들이 물었다. 그런 질문을 들으면 죽고 싶어졌다. 왜냐하면 내가 가장 하고 싶은 것을 하지 말라고 하는 것처럼 느껴졌기 때문이다. 처벌 같았다. 금지였다.

나도 물론 지금 하는 얘기에 크게 자신은 없다. 하지만 그냥 말을 해보고 싶다. 내가 하고 싶은 일은 내가 본 대로 말하는 일이다. 그 일을 제외하고는 아무 일도 하고 싶지 않다. 나는 요즘 아무도 아직 보지 않은 것을 본 대로 말하는 사람이고 싶었다. 종종 그랬다. 아직 그러한 자장 아래에 있다. 그러나 일기에서는 그렇지 않다.

무엇도 하기 싫어서 짜증을 내는 사람보다는 할 일이 많은데 하지 않고 짜증을 내는 사람이 훨씬 더 좋다. 나는 짜증이 별로 나지 않는다. 만약 군대만 다녀온다면, 내가 스트레스받을 일은 없을 것 같다. 빨리 다녀오는 것도 나쁘지 않겠다.

왜 짜증이 나지 않을까. 나는 내가 무슨 일이든 하면 할 수 있다는 것을, 그리고 타협하지 않고 할 수 있다는 것을 안다. 왜냐면 언제나 그랬기 때문이다. 공부는 그렇게 하지 않았다. 이제 정말로 영어를 공부해야 할 것 같다. 슬프다. 시간이 없어서. 군대 때문이다.

걱정 마라.

2015.02.16. 17:44

보면 나는 관념도 중개자로 둔다. 롤모델이 없기 때문이다. 없지 않고, 중개자도 구체적 대상으로써(관념보다) 존재한다. 그렇지만 관념도 중개자로 둔다고 하면 구체적 대상이 그 관념처럼 여겨지고 그리하여 진실로 대타자가 된다.

페테르부르크의 대가 다시 읽고 써야겠다. 오늘은 그냥 읽어야겠다.
여기 없다. 그러면 오늘은 강진 글 써야겠다.

그리고 죽으면 어떨까.

기적이란 무엇인가. 화해란 무엇인가. 사랑이란 무엇인가. 기적이란 화해이며 사랑인가. 희생인가. 나는 그렇게 생각하고 싶지 않다.

2015.02.19.

보고 싶네. 책 읽네.

2015.02.23. 16:56

그렇게 하고 싶지 않다. 하고 싶지 않습니다. 안 하고 싶습니다. 그런 생각의 처음엔 "그렇게 하면 어떨까?"라는 생각이 있다. 그리고 가끔은 그렇게 해도 좋을 것 같다는 생각이 있을 것이다. 혹은 그렇게 해야만 한다는 생각이 있을 것이다. 나는 그렇게 해야만 한다는 생각에 대고 그렇게 하고 싶지 않다고 말하게 된다. 거절은 당연하다. 나는 내가 무언가를 거절하지 않게 되길 바랐던 것이다. 그리고 나는 거절하지 않게 된 것들의 목록을 가지게 됐다. 거절하지 않을 것들의 목록은 없다. 그리하여 나는 거절하지 않을 것들의 목록이 존재하지 못할 것이라는 나 자신의 판단을 부정한다. 이것은 그저 연쇄일 뿐이지만 매 순간 나는 진심이며, 마지막으로 나는 종종 거절하지 않게 된 것들의 목록을 부정하지 못했다. 그러나 부정했다. 확실한 것은 이 목록을 가지기 위해 나는 그 목록들을 거절했던 것이 아니라는 점이다. 나는 미래 같은 건 모른다. 하지만 나는 이 목록을 가졌다. 나는 이 목록을 가졌다. 2015년 2월 23일 월요일, 오늘의 나와 치매에 걸리지 않은 미래의 나는 목록에 어떤 것들이 쓰여 있는지 알고 있다. 나는 미래 같은 건 모른다. 하지만 미래의 나는 오늘의 목록을 안다. 나는 아무것도 확신하지 않는다. 나

는 아무것도 확신하지 않는다는 말을 부정한다.

일기는 운동이고 하농이다. 그뿐이다.

2015.02.23. 17:15

그가 그를 사랑하고 그가 그를 사랑하면서 그들은 사랑이라는 단어에 각자의 주석을 달기 시작한다. 그는 그의 주석이 어떻게 무엇을 서술하고 있는지를 보았다. 그는 그의 어떻게와 무엇에게 다시 사랑이라는 단어를 부여했다. 그가 부여한 단어에 그와 그가 다시 주석을 달았다. 주석은 특정 텍스트의 메타 텍스트가 아니다. 그것은 그저 어떻게와 무엇이며 그에게는 사랑일 수 있다. 그러나 그것은 그저라는 표현을 나는 부정한다.

2015.02.23. 17:30

작년 그리고 올해에 행복이라는 단어를 계속 사용했다. 방금 이 일기장 검색창에 행복이라는 단어를 넣었다. 나는 내가 ~하면 행복할 것이라고 곧잘 말하곤 했다는 걸 알았다. 나는 지금 ~하고 있다. 만약 내가 지금 ~하고 있지 않고서 행복이라는 단어로 검색을 했다면 어땠을까. 나는 ~하면 행복할 것이라는 내 생각을 열람하고 아무래도 ~할 수 없으니 (가능성도 없으니) 죽어야겠다고 또 생각했을 것이다. 나는 내가 했을 수도 있는 그러한 생각을, 그리고 내가 바랐던 것들을 조롱하고 싶지 않다. 않을 것이다. 그냥 조금 수치심을 느낄 뿐이다. 그리고 나는 정확히 2010년에 수치심이 가장 중요하다고 썼다. 나는 이제 그렇게 생각하지 않는다. 그렇지만 이제 시를 쓰기 시작하는데. 나는 나를 부끄럽게 만들기로 한다.

2015.02.23. 17:36

이제 쓰자.

아까 낮잠을 잠깐 잤는데 일어나서 또 하느가 왜 없지 생각했다. 그리고 나는 언젠가 왜 없지라는 물음이 나오는 뭔가를 쓰고 싶다. 이미 썼던 것 같기도 하다.

2015.02.27. 22:28

너무 좋다.

2015.02.27. 23:50

사랑한다는 말만 해도 되는 것 같다.
되는 건 아니고 사랑한다는 말만 해도 살 수 있으면 그렇게 하겠다.
솔직히 태어나서 이렇게 행복했던 적이 없는 것 같다. 너무 좋은 것 같다.

개를 데리고 다니는 부인

"지금 기온은 3도인데, 그래도 눈이 내리는구나." 구로프가 딸에게 말했다. "하지만 따뜻한 건 땅의 표면이지, 대기의 상층에서는 기온이 전혀 다르단다."

"아빠, 그럼 왜 겨울에 천둥이 치지 않아요?"

그것도 설명해주었다.

ㅡ 안톤 체호프, 「개를 데리고 다니는 부인」, 271쪽, 열린책들, 2009.

"그것도 설명해 주었다." 이 문장을 접한 것은 12년 전이었다. 그러나 나는 단 한 번도 겨울에 천둥이 치지 않는 이유를 검색창에 입력해보지 않았다. 구로프의 딸은 그 원리를 이해했을 것이다. 나는 아직도 모른다. 어쩌면 지리 시간에, 지구과학 시간에 이미 들었다가 까맣게 잊어버렸는지도 모른다. 일전에 나는 나에게 이렇게 말했다. 문학이 좋다. 이유를 설명했다는 문장으로 이유를 설명하지 않을 수 있어서 좋다. "그래서 내가 이 구절을 좋아하는 거야?" 그것도 설명해주었다.

2015.03.07.

2014년 7월 21일 일기

1. 다짐은 이제 그만해야지. 너무 많은 정보를 듣고 본다. 생각이 너무 많다. 잠이 오지 않았다. 생각이 너무 많아서 슬펐다. 하지만 생각이 없어지진 않을 것 같다. 일기는 항상 그저 그런 글이다. 몸이 피곤하다. 사람들도 힘들게 한다. 상처도 많이 받는다. 내가 많은 것들을 무서워하지 않았으면 좋겠다. 걱정이 많아서 힘들었다. 책을 쓰고, 글로 사람들에게 이렇게 해서 저렇게 하라고 명시해두자. 그러면 더 바쁘겠다. 그렇지만 그렇게 하지 않으면 말을 너무 많이 한다. 효율적이지 않다. 힘을 많이 들이는 게 싫다. 무서워서 온몸에 힘을 많이 주고 산다. 땀은 밖에서 흘리고 오자. 시는 쓰지 말자. 시는 쓰지 말자. 다짐은 그만해야지. 이제 다짐은 그만했으면 좋겠다.

2. 오늘은 풀뿌리에 수업을 갔다가 재미공작소 수업을 간다. 지금은 글을 쓰다가 잔다. 수박 접시는 부엌에 가져다 놓는다. 이제 집안일도 좀 도와야 한다. 통장을 하나 만들어야 한다. 나가면서 통장을 만들자. 오늘 밤에는 한강에서 자전거를 탄다.

3. 난 일기 쓰는 것을 좋아했다. 그렇지만 예전에 좋아했던

만큼 좋아할 수는 없을 것 같다. 너무 많은 생각을 SNS에서 보았다. 쓰기도 했다. 일기를 쓰지 않으니 다른 글들이 다 일기가 되는 것 같다는 생각이 방금 들었다. 그래서 일기를 쓰자고 마음먹은 것 같다. 이 홈페이지는 그냥 뭔가 하려고 만든 것이다. 난 홈페이지라는 말이 좋다. 너무 많은 생각들을 계속 읽었다. 쓰기도 했다. 이제 생각들이 나를 괴롭히는 것 같다. 사실 내가 나를 괴롭히는 것이다. 그리고 나는 재능도 없고, 똑똑하지도 않다. 나는 그냥 뭔가를 쓸 수는 있다.
나는 군대에 가기 전에 동화를 쓸 것이고 시 같은 글은 가끔만 쓸 것이다. 나는 글을 많이 쓸 것이다. 다짐은 이제 그만해야 한다. 난 하농을 치는 것 같다. 아는 게 하농이다. 일기는 하농이다. 나는 센스가 없고 무식하기 때문에 그리고 겁이 많지만 이제 겁을 내지 않을 것이기 때문에 곧 건강도 찾고 글도 많이 쓸 것이다. 매일 치고 싶다. 타자기도 만들 것이다.

보그걸 4월호

1. 생년월일/공개 가능한 SNS주소
 - 생일은 1987년 6월 22일이고 SNS 주소는 @manfather입니다.

2. 처음 시인이 된 날
 - 핸드폰에 02가 떠서 '아 됐구나' 했습니다. 전화로 주위 사람들에게 자랑 많이 하고, 친구 집에 가서 술을 마셨습니다. 숙취가 있는 상태에서 계속 핸드폰으로 자랑했습니다.

3. 첫 시집을 제일 먼저 받은 사람
 - 옆에 있던 박성준 시인에게 처음 시집을 증정했습니다. 우리는 17살 때부터 함께 시를 썼습니다. 저는 그 친구 덕분에 시인이 되어 시를 쓸 수 있었습니다.

4. 내 시집에서 고른 딱 한 편의 시
 - 고르고 싶은 시는 매일 바뀐다. 오늘은 「두꺼운 그림」이라는 시를 고르고 싶다. 이걸 그림책으로 만들고 싶기 때문

이다. 이 잡지를 구독하는 어린이 그림책 출판 관계자 여러분들은 일단 『에듀케이션』(내 시집)을 사고, 「두꺼운 그림」이라는 시를 읽고 저한테 전화를 주시면 좋겠다. 시집에 수록된 「두꺼운 그림」은 아무래도 현대시라서 조금 어렵고 난해하지만, 계약을 해주신다면 더 멋진 그림책 텍스트로 만들어보겠다.

5. 본인을 대표하는 시어
 - 2013년 계간 문학동네에 발표한 시 「대단원의 막」에 보면 "끝입니다. 여기까지 하겠습니다"가 있다. 나는 그 시어를 좋아한다.

6. 나와 혹은 내 시에 대한 평가 중 가장 적확하다고 생각하는 한마디
 - 사람들이 제 첫 시집이 지면에 발표했을 때보다 지루하고 임팩트가 약하다고 했습니다. 옆에서 듣고 있던 황인찬 시인이 본인 생각에도 다소 그렇긴 하지만 자기는 김승일 시를 보면 당할 수가 없다는 생각이 든다고 했습니다. 당할 수가 없다는 표현은 대단한 시를 쓰고, 좋은 시를 쓴다는 것을 의미하는 말이 아니었습니다. 당할 수가 없다는 말은 고집 센 할머니나 어린아이를 연상시킵니다. 하지만 할머니와

어린아이는 어찌어찌 감당할 수 있는 사람들입니다. 그렇다면 황인찬은 어째서 나를 당할 수 없는 사람이라고 말하고, 나는 거기에 고개를 끄덕였을까? 지난 몇 년 동안 저는 바로 그 질문에 답하기 위해 시를 썼습니다.

7. 나에 대한 가장 큰 오해

- 굉장히 많은 사람들이 제가 굉장히 오만하다고 생각하는데요. 저는 제가 잘났다고 생각하지 않습니다. 저는 굉장히 멍청하고 순진한 사람입니다. 저는 저를 제외한 모든 사람들이 다들 엄청난 천재이고, 의지의 화신이었으면 좋겠습니다. 그래야 그 사람들을 참조해가면서 조금 더 재밌게 글을 쓸 수 있기 때문입니다. 그런데 그냥 세상에 그렇게 잘난 사람들이 별로 없는 것 같습니다. 그건 제 잘못이 아닙니다. 왜 저한테 열폭하는지 모르겠네요.

8. 10대의 나와 20대의 나

- 24살이었나, 싸이월드에 김승일 안티클럽을 만들었습니다. 재미로요. 주소는 club.cyworld.com/18kim이고 제가 운영자인데요. 제 친구가 10대 때 제가 얼마나 이상한 애였는지 써놨습니다. 노래를 부르면서 언덕을 뛰어 내려가고 선생님이 혼내면 벽에 이마를 막 박고 그랬더군요. 저는 너

무 깜짝 놀랐습니다. 제가 그렇게 살았는지 완전히 까먹었거든요. 20대의 저는 시 쓰는 기계였고 돈에 너무 쪼들리면서도 식탐은 누구보다 왕성했습니다. 그리고 미친 짓은 술을 너무 마셨을 때를 제외하면 거의 하지 않았습니다. 술도 10대 때보다는 덜 마시고요. 전 제가 어른이 된 것 같습니다.

9. 내 시가 가는 방향
- 노벨상으로 가고 있다.

10. 내가 생각하는 '요즘 인류'의 특징
- 요즘 인류는 요즘이 계속 다시 다른 요즘으로 갱신되는 것처럼 계속해서 변화한다. 그래도 굳이 말한다면. 요즘 인류의 특징은 요즘 인류의 특징을 분석하는 일을 즐긴다는 것이다. 요즘 인류는 자기가 잘나서, 자기만 시대를 파악하고 있는 것처럼 군다. 당신이 알고 있으면 이미 많은 사람들이 알고 있다. 이미 안다고? 근데 왜 그렇게 협잡꾼처럼 굴지?

11. 좋아하는 문학가들
- 쿳시, 도스토옙스키, 루이스 캐럴, 안톤 체호프, 테드 휴즈를 좋아한다.

12. 암송하는 문장이 있다면

- 그런 문장은 없고, 누가 상황이나 이치에 딱 맞는 말을 하면 "맞아 맞아 정확해 한 치의 오차도 없어"라고 감탄하곤 한다.

13. 이상형 같은 책

- 나는 지루한 책을 좋아하고 재밌는 책도 지루하게 읽는다. 나는 지루한 사람은 싫다. 책이나 시는 내 이상형이 될 수 없다. 그러나 나는 어떤 특정한 문체를 좋아하는데, 계속해서 더 정확하게 말하기 위해 설명을 덧붙이거나 '반면에'라고 쓰는 사람이 좋다. 어폐를 줄여서 말하거나 아예 비약을 선사하는 문장이 좋다. 그런 문장을 닮은 사람이 내 이상형이다.

14. 삶의 캐치프레이즈

- 털어서 먼지 안 나오는 사람이 되자.

15. 하루 중 가장 좋아하는 시간 혹은 하루 중 가장 좋아하는 일

- 2시가 좋다. 라디오에서 컬투쇼가 나온다. 6시도 좋다 6시에 배캠이 나온다. 사랑하는 사람과 같이 있는 일도 일이

라면 그 일이 제일 좋고, 함께 있는 일이 일에 포함되지 않는다면 시 쓰는 일이 제일 좋다. 시를 쓰고 있으면 인식이 확장되고 있다는 착각에 빠지게 되는데 그 느낌이 꽤 좋다. 그리고 나는 시 쓰는 일 말고는 별로 하고 싶은 일이 없다.

16. 시가 잘 써지는 시간 혹은 상황
 - 나는 일단 시가 안 써지면 잠을 잔다. 이미 20시간을 잤다고 하더라도 안 써지면 잔다. 짜증내면서 쓰면 짜증이 시에 묻는다. 그걸 몰라서 옛날에는 짜증내면서 썼다. 첫 시집 보면 짜증집이다. 시를 쓸 때 꼭 기뻐야 할 필요는 없지만 그래도 뭔가가 안 풀리고 망한 것 같은 기분 속에서는 작업을 하지 않으려고 한다. 시가 잘 써지는 시간은 새벽이었다. 그렇지만 자고 일어날 때마다 자기 전보다는 잘 써진다.

17. 내가 좋아하는 상업 공간
 - 망원에 배드베드북스라는 출판사가 있다. 작은 출판사다. 아직 책은 한 권도 내지 않았다. 내 친구들이 그 공간을 작업실로 사용하고 있다. 카드기도 있고 인터넷 전화도 있고 사업자등록증도 있다. 내가 바로 거기 대표다. 아주 훌륭한 상업 공간이다.

18. 그 밖의 나의 취향들

- 나는 내 취향을 설명하는 일을 좋아한다. 모든 취향에는 이유와 규칙이 있다. 그 규칙들을 설명하는 일을 즐긴다. 설명하는 일이 내 마음에 쏙 든다. 예를 들면 나는 평양냉면을 매우 좋아한다. 평양냉면 가게마다 맛이 다 다르다. 같은 음식인데 아주 조금씩 다르고 그 조금씩이 평양냉면이라는 음식의 특성상 매우 큰 차이로 느껴진다. 그래서 맨날 다른 가게로 전전한다. 매우 새로운, 매우 맛있는 음식을 먹는 것처럼 느껴진다. 오늘은 어느 가게를 갈까 상상하는 것만으로도 기분이 매우 좋다.

19. 기억에 남는 팬

- 트위터에 김승일 봇이 있다. 나는 그 봇이 세상에서 제일 좋다. 그 봇의 봇주가 세상에서 제일 좋다. 나는 그 봇만 좋다. 내 싸이월드 일기 긁어가지고 맞춤법 띄어쓰기 교정 봐서 올리는 미친 멋있는 봇이다.

20. 지구 안의 모든 카테고리를 통틀어 딱 하나를 추천한다면?

- 담배를 추천한다. 담배를 피우면 빨리 죽지만 최근 인간의 기대 수명이 매우 늘어날 예정이기 때문에 흡연자만

이 적당한 나이에 죽을 것이다. 그리고 담배는 친한 친구랑 같이 피울 때 가장 기분이 좋다. "난 너 앞에서 담배를 태울 때//담배 맛이 가장 좋아,"라는 시구를 좋아한다. 「감식안에 관하여」라는 시에 나온다. 누가 쓴 거더라.

8주 동안 쓴 시로,
함께 수업 듣는 수강생 한 명을 무섭게 한다

1. 강의 소개에 들어가기에 앞서

시간이 없으신 분은 2번부터 읽으시면 될 것 같습니다.

제가 대학에서 극작을 전공했기 때문일까요? 2009년 겨울에 저는 아주 특별한 경험을 했습니다. 제가 처음 시인으로 데뷔하여 시를 쓰고 있을 때였습니다. 갑자기 제가 무대 위의 연기자처럼 느껴졌어요. 시를 한 줄 한 줄 써 내려갈 때마다 객석에 앉아 있는 관객들의 표정이 보이는 것 같았습니다. 그들은 제가 쓴 글을 제각각 이렇게, 저렇게 받아들이고 있었습니다. 저는 더 많은 사람을 만족시키기 위해 애를 쓰기 시작했습니다. 마치 희랍극의 코러스처럼, 시트콤의 웃음소리처럼 사람들이 저를 둘러싸고 있었습니다. 제가 무엇을 써야 사람들이 좋아하는지 알 것 같았습니다. 그리고 제 예상은 항상 틀리지 않았습니다. 독자나 평론가들이 정말로 제가 의도했던 반응을 보였기 때문입니다. 그러던 중에 더 이상 관객들이 나타나지 않았습니다. 시 쓰는 일이 너무 힘들었습니다.

반성을 했습니다.

지난날의 제가 불특정 다수를 위해 장기자랑을 하는 광대처럼 생각됐습니다. 사람들을 위해서 뭔가를 쓴다고 하더니, 한 사람의 마음에도 들지 못하는 시를 쓰는 것만 같았습니다. 그래서 결심을 했죠. 이제부터 한 사람을 위해서만 시를 써야겠다.

어느 날 저는 제가 짝사랑하는 사람에게 보여주려고 시를 썼습니다. 또 어느 날에는 황인찬 시인에게 보여주려고 시를 썼습니다. 그 어느 날에는 제 친구 최원석을 위해서만 시를 썼습니다. 독자를 등한시하려고 이런 결단을 내린 것은 아니었습니다. 한 사람만을 위한 시가 오히려 수많은 사람들을 떠올리며 쓴 시보다 더 진솔하고, 신기하고, 슬펐기 때문입니다. 그렇게 쓰인 시들은 단순히 재기 넘치는 상품으로 소비되고 잊히는 글이 아니라 오래 오래 기억될 수 있었습니다. 그래서 작년 재미공작소에서 저는 '서간체로 시를 써봅시다'라는 강의를 진행했습니다. 편지로 시를 쓰는 연습을 하면 한 사람을 위한 시를 쓸 수 있었습니다. 편지로 시를 쓰는 연습을 하면 독자를 상정하는 일이 더 수월해질 것이라고 판단했습니다. 재미있는 수업이었습니다. 매번 커리큘럼을 바꾸는 재미에 빠져 있던 제가 그 커리큘럼만 세 번씩이나 반복했으니 말이죠.

 저는 이번에 어떤 매체와의 인터뷰에서 시에 대한 피드백 중 가장 기억에 남는 한마디를 꼽아달라는 질문을 받았습니다. 저는 이렇게 답했습니다. "사람들이 제 첫 시집이 지면에 발표했을 때보다 지루하고 임팩트가 약하다고 했습니다. 옆에서 듣고 있던 황인찬 시인이 본인 생각에도 다소 그렇긴 하지만 자기는 김승일 시를 보면 당할 수가 없다는 생각이 든다고 했습니다. 당할 수가 없다는 표현은 대단한 시를 쓰고, 좋은 시를 쓴다는 것을 의미하는 말이 아니었습니다. 당할 수가 없다는 말은 고집 센 할머니나 어린아이를 연상시킵니다. 하지만 할머니와 어린아이는 어찌어찌 감당할 수 있는 사람들입니다. 그렇다면 황인찬은 어째서 나를 당할 수 없는 사람이라고 말하고, 나는 거기에 고개를 끄덕였을까? 지난 몇 년 동안 저는 바로 그 질문에 답하기 위해 시를 썼습니다."

 그리고 최근 들어 황인찬을 무섭게 하기 위해 이상한 시 한 편을 썼습니다. 황인찬은 무섭다고 하지 않았습니다. 하지만 그 시를 싫어하지도 않았습니다. 아주 약간 당황시킨 것 같은 느낌은 들었습니다. 최근 제가 좋아하는 어떤 사람이 저더러 무섭다고 했습니다. 왜 무섭냐고 물으니 잘 모르겠다고 답했습니다. 재차 물으니 제가 좋아서 무섭다고 했습니다. 무서움이란 무엇일까?

이러한 경험들 때문에 저는 수업 커리큘럼을 하나 고안할 수 있었습니다.

2. 강의 소개

이제 강의 소개를 하겠습니다. 이번 수업은 '서간체로 시를 써봅시다'의 연장이지만 보다 단순하면서도 다소 까다로운 수업입니다. 그래도 저는 이 강의가 제가 진행했던 그 어떤 수업보다도 멋진 경험이 될 것이라 확신합니다. 강의 제목은 '8주 동안 당신이 쓴 시로, 함께 수업 듣는 수강생 한 명을 무섭게 한다'입니다. 이미 제목이 모든 것을 설명하고 있습니다.

이 수업은 짝수로만 수강생을 받습니다. 수업에 오시면 생판 모르는 수강생과 짝꿍이 될 것입니다. 당신의 목표는 매주 시를 써서 짝꿍에게 보여주는 것입니다. 그 사람이 당신의 글을 읽고 무서워하면 성공입니다. 그렇지 않으면 실패입니다.

내가 쓴 글로 누군가를 무섭게 한다는 것은 참 어려운 일입니다. 그게 시라면 더 어렵게 느껴질 것입니다. 공포 소설을 예로 들어보겠습니다. (물론, 이 수업이 공포 소설을 쓰는 수업은 아닙니다만.) 공포 소설의 고전들을 읽어보시면 알겠지만 하나도 안 무서운 작품이 태반입니다. 시대마다 사람 무섭게 하는 코드가 다르기 때문에 그런 탓도 있죠. 그로테스크한 이미지들을 아무리 세련되게 배치한다고 해도 공포 문학이 공포 영화의 갑툭튀 귀신보다 우리에게 즉각적인 반응/느낌을 선사할 것 같진 않습니다. 솔직히 말하자면, 영상 매체의 경우도 「토요 미스터리 극장」 이후로 하락세인 것 같습니다. 우리를 정말로 아연실색하게 만드는 프로그램은 「그것이 알고 싶다」밖에 남지 않은 것 같아요.

이 수업에서 여러분은 생판 모르는 사람을 인터뷰하고, 그를 무섭게 만들기 위해 노력할 것입니다. 하지만 번번이 실패할 것입니다. 무서우라고 썼는데 웃고, 반응이 없고, 어쩌면 슬플 수도 있을 것입니다. 어쨌든 확실한 것은 여러분이 누군가의 감정 상태를 생각지도 못한 방식으로 헤집어놓기 위해 노력할 것이며, 가끔 성공할 수도 있을 것이며, 앞으로 불특정 다수의 독자들을 향하여 글을 쓸 때에도 바로 그러한 방식으로 시를 쓸 수 있을 거라는 것입니다.

어떻게 '그'를 무섭게 만들지는 여러분의 선택입니다. 그리고 제가 도와드리겠습니다.

2. 주별 강의 계획

1주:
  1) 정동이란 무엇인가? : 스피노자와 들뢰즈를 중심으로 강의함.
  2) 공포란 무엇인가? : 헤어조크의 다큐멘터리 「세상 끝과의 조우」를 중심으로 강의함
  3) 짝을 정하고 서로 인사를 한다.

2주:
  1) 스토킹이란 무엇인가? : 토론
  2) '왜'라는 질문에 대하여 : 강의
  3) 과제1: 첫인상을 상기하면서 짝꿍에게 보여줄 시를 써 온다. 무섭게 만들었는가? 실패했나? 무엇이 남았는가? 문장은 제대로 쓰고 있나? 합평한다. (이하 '과제')

3주:

1) 전쟁과 문학 : 강의

2) 과제2

4주:

1) 자신을 무섭게 했던 작품이나 구절 뽑아 오기(당혹스럽게 만들었던 것 포함).

2) 과제3

5주:

1) 타르코프스키와 도스토옙스키 : 강의

2) 과제4

6주:

1) 과제5

2) 중간 점검 & 서로에게 칭찬하기.

7주:

1) 과제6

2) 자신을 무섭게 만드는 것이 무엇인가? 목록 만들기.

8주:

1) 과제7: 자기 자신을 무섭게 만드는 시 써 오기.

4. 수강료와 수강 인원

수강 제한 인원은 12명이며 수강료는 18만 원입니다.

5. 강사 소개

   저는 김승일 시인입니다. 지은 책으로 『에듀케이션』이 있습니다.

2015.03.11.

짜증 난다.

2015.03.12.

지긋지긋하다.

2015.03.14.

먹방낭독 콘티

1. 오프닝은 상희언니가 준 동영상으로 시작하고 음악은 메탈로 들어간다.

2. 암전 후에, 내가 음식 먹는 사진들이 나온다.
숨김없이 내게 말해봐 니가 가진 생각 니가 가진 사상 니가 가진 사고 사람들이 맛있는 걸 먹고 싶어 한다는 걸 나는 충분히 이해한다.
- 아이 토털리 언더스탠드 와이 올 더 피플 원 쏘 딜리셔스 푸드, 아이 토털리 언더스탠드, 나는 충분히 이해한다.

3. 오우에서 먹은 음식 사진이 나온다.
- 나는 이것들을 먹었다. 나는 이 음식들을 먹었다. 오늘 나는 연남동에 있는 오우라는 음식점에서 밥을 먹었다. 이제 나는. 이 음식들로부터 파생된 나의 감정을 시로 승화시켜 보려고 한다. 다른 이들의 시와, 시인인 내 영혼에서 우러나오는 시를 낭송해보려고 한다. 당신은 보게 될 것이다. 내가 연남동 오우에서 밥 먹는 모습. 듣게 될 것이다. 나의 솔직한

감정. 나는 영혼이 있는 사람이다.

4. 교정기 사진이 나온다.
-나는 어제 치과에 다녀왔다. 교정기를 더 조이고 왔다. 교정기를 조이면 그다음 날 밥을 먹기가 무척 어렵다. 교정기를 조이면 잇몸이 아프다. 그래도 나는 먹는다. 나는 나의 감정을 시로 승화시킬 것이다.

연남동 오우(OU;)에서 열리는 김승일 시인의 {먹방낭독} 상영회

2015년 3월 15일(일) 3시   마포구 동교동 203-56 1층

연남동 오우(OU;)   출연 김승일   입장료: 무료

OU; BEEF & BOARD
KOREAN CUISINE

식당은 문을 닫지만 각종
음료수를 주문하실 수는 있습니다

1. 〈먹방낭독〉(沐方朗讀, Eating Reading, 2015, 34분)을 관람합니다.
2. 김승일 시인과 GV를 합니다.
3. 원하시면 김승일 시인이 관객들이 원하시는 시를 읽어드립니다.

★ 상영회에 오신 모든 분께 스페셜 에디션으로 김승일 시인의 시로 만든 각종 엽서와 소정의 선물을 드립니다.
   사정상 못드릴 수도 있습니다. 사랑합니다.

연남동 오우(OU)에서 열리는
김승일 시인의 「먹방낭독」 상영회

상영회 취지

가게 한편에는 시집들이 쌓여 있고, 이틀마다 메뉴판의 글귀가 바뀌고, 식사를 마친 손님들에게 동시대 시인들의 시로 만든 엽서를 선물하는 한식당 오우(OU)는 일요일에 장사를 하지 않습니다. 대신 이달부터 일요일마다(격주) 시인, 소설가들과 함께 무료 낭독의 공간으로 사용될 예정입니다. 그 첫 번째 손님은 바로 『에듀케이션』이라는 시집의 저자 김승일 시인인데요. 김승일이 누군지 잘 모르시는 분들도 있을 것 같군요. 지금 이 소개 글을 쓰고 있는 사람이 바로 저 김승일입니다. 오우 낭독회의 첫 번째 주자로서 조금 특별한 프로그램을 준비해보았습니다. 바로 「먹방낭독」입니다.

상영회 소개

저는 한식당 오우(OU)의 단골입니다. 음식이 깔끔하고 먹으면 건강해지는 느낌이 드는데 간도 제 입맛에 무척 맞습니다. 문제는 제가 맛있는 음식 앞에 앉으면 너무 빨리 많이 먹는다는 데 있습니다. 오우에 가면 늘 허겁지겁 과식을 하게 됩니다. 그럼 일부로라도 오우의 음식을 천천히 먹으려면 어떻게 해야 할까? 뭘 먹다가 중간중간 음식의 맛을 시로 승화시키면 되지 않을까? 굉장히 귀엽고 특별한 낭독회가 될 것 같았습니다. 왜냐면 제가 정말로 밥을 허겁지겁 개처럼 먹기 때문입니다. 보는 사람에 따라서는 강아지처럼 먹는다고 볼 수도 있으니까요. 그런데 아쉽게도 오우는 일요일에 주방이 문을 닫습니다.

그래서 주중에 먼저 찍고 상영회를 개최하면 좋을 것 같았어요. 오우 사장님과 저는 이 영상을 「먹방낭독」이라고 부르기로 합니다. 「먹방낭독」 상영회가 끝난 다음에는 이 영상의 감독이자, 촬영감독이자, 배우이자, 손님인 김승일 시인과의 GV도 있을 겁니다. 만약 관객들이 원하신다면 「먹방낭독」의 하이라이트 장면을 마임으로 재연하기로 하겠습니다.

- 일 시 : 2015년 3월 15일(일) 3시
- 장 소 : 연남동 오우(OU)
- 출 연 : 김승일 시인
- 입 장 : 무료 (식당은 문을 닫지만 각종 음료수를 주문하실 수 있습니다)

• 프로그램 순서 및 내용:

1) 「먹방낭독」(沐方朗讀, Eating Reading, 2015, 34분)을 관람합니다.
2) 김승일 시인과 GV를 합니다.
3) 김승일 시인이 관객들이 원하는 시를 읽어드립니다.

*상영회에 오신 모든 여러분들께 스페셜 에디션으로 김승일 시인의 시로 만든 각종 엽서와 소정의 선물을 드립니다. 사정상 못 드릴 수도 있습니다. 사랑합니다.

여전히 종이와 활자, 글을 존중하는 사람들

1. 배드베드북스는 뭘 하는 집단이고 언제 생겼나?

배드베드북스는 텍스트 머드 게임을 만들고 있는 출판사다. 2013년 여름에 처음 친구들과 으쌰으쌰를 하고, 십시일반 자금을 모아 2014년 3~4월쯤 망원에 사무실 겸 공연장 겸 작업실을 만들었다. 어떻게 보면 사실 실패한 집단이다. 구성원들이 죄다 집단의 대표인 내(김승일) 친구들이었는데 다들 나하고만 친하고 서로서로는 별로 친하지 않았다. 처음엔 12명으로 시작했는데 이제 나를 포함해서 6명 남았다.

2. '배드베드북스'의 뜻이 뭔가? 시작은 'JIMMIE DURHAM'의 설치 작품에서 비롯됐다 들었다.

회사 이름만 짓는데 서너 달 걸렸다. 회의 때마다 회사 이름이 달라졌다. 그런데 나는 책 하면 침대밖에 떠오르지 않았다. 내게 있어 책은 침대에서 읽는 것이기 때문이다. 그러다 JIMMIE DURHAM의 설치 작업을 보게 됐다. 침대 위에 커다란 바위가 박혀 있었다. 매트리스는 구겨져 있고, 프레임은 거의 박살 난 상태였다. 마음이 상쾌해지는 이미지였다. 아무도 저기선 잠을 못 자겠군. 책이나 읽겠군. 그래서 배드베드북스라고 했다.

3. 어떤 사람들이, 무슨 일을 하며 배드베드북스를 꾸리고 있나? 정확히 말하자면 김승일 사장과 김승일 사장의 노예가 되면 무슨 일을 하는 건가?

사실 처음엔 출판사를 할 생각이 없었다. 요즘 세상에 출판사 차리는 게 만만치 않아 보였기 때문이다. 처음에 우린 사람들이 자기가 꿈꾸는 세계관을 자유롭게 기고할 수 있는 SNS를 만들고자 했다. SF, 판타지, 리얼리즘…… 뭐가 됐든 자기 세계관을 창작해보길 바랐다. 근데 SNS 만들려면 돈이 너무 많이 드니까 일단 보류하고, 설립 구성원들이 대부분 작가거나 서사 창작에 능력이 있는 사람들이었기 때문에 템플릿을 책으로 제작해보기로 했다. 그래서 그냥 출판사라고 하자. ○○○북스라고 하자. 결심을 했다. 그런데 친구들이 20대 후반으로 접어들며 서로들 자기 자신의 사회적 안위를 챙기기 시작했다. 남들 다 흩어지는 나이에 우리는 한번 같이 있어보자는 심정으로 만들었는데 하나둘씩 이탈하기 시작했다. 그래서 SNS는 망했다. 그래서 노예들을 모집했는데 너무 많이 왔다. 말이 노예고 그냥 내 개인 작업을 도와서 5:5로 이익을 나누는 개념의 친구들이었다. 그래도 노예는 노예지. 트윗이 그려진 컵도 만들고, 공병우 타자기도 리뉴얼하고, 불경도 디자인 상품으로 제작하려고 했다. 신청만 하면 6개월 안에 납치를 해주는 프로젝트도 하려고 했는데 이제 노예도 다 도망갔다. 최근 들어서야 비로소 뭔가 좀 하고 있다. 4월부터는 달마다 책을 낼 예정이고, 텍스트 머드 게임도 만들고 있다. 남아 있는 구성원들이 대부분 글 쓰는 애들이라 굉장히 '문학'(?) 친화적인 게임이 될 예정이다. 만들고 있으면 재밌다. 완성되지 않아도 재밌을 것 같다.

4. 핼러윈 저녁, 베드배드북스에 모여 유령을 위한 축시를 올린 후, 책을 읽는 것을 봤다. 뭘 하는 집단인지 잘 몰랐을 때 몹시 수상해 보였다. '낭독의례'에선 뭘 하나?

낭독의례는 앞으로도 계속 진행할 행사다. 특별한 축일이나 명절에 갈 곳 없는 찌질하고 한심한 인간들이 각자가 선택한 텍스트(문학작품일 필요는 없다)를 들고 모이는 행사다. 함께 낭독하고, 음악도 듣고 그러면 자기가 찌질하고 한심한 인간이 아니라는 착각을 하거나, 크리스마스의 명동 거리에서 귀성길 코스프레 하고 있는 온 세상 사람들 보다는 자기가 더 행복하다는 확신 갖는 행사다. 낭독의례는 다소 외제 문학, 오컬트 지향적이기도 하다. 황금 나뭇가지를 제작해서(길에서 주워 온 나뭇가지에 금색 칠을 한 것) 서로 나누어 가지고 서로를 향해 주문을 외우거나 명령을 내리기도 했다. 그러나 아무 일도 일어나지 않았다.

5. '우리는 오늘로, 다가오는 오늘로, 유령의 축일을 선언한다'라는 축시는 누가 썼나?

내가 선언문을 써보자고 했는데 뭘 선언해야 하는지 알 수가 없었다. 그런데 최원석이라는 배베 멤버가 자기가 가안을 써보겠다고 했다. 다 썼다고 해서 읽어보니까 뭔가 진짜 선언하는 기분이 들었다. 포스터에 글씨도 죄다 그 친구가 썼다. 글씨가 저 모양이라 아무도 뭐라고 썼는지 못 알아본다. 최원석이 10년 전 대학 입시 때 논술 시험을 치고 나와서 자기가 붙을 거라고 의기양양했던 때가 생각난다. 글씨를 못 알아봐서 떨어질 거라고 말해줬다. 그리고 이제 와 이렇게 최원석의 그림 같은 글씨가 포스터를 통해 빛을 봤다.

6. 다 같이 모여 소리 내어 책을 읽는 이유는 무엇인가?

낭독은 지루하다. 누가 낭독회를 해보자고 제안하면 너무너무 싫다. 매번 똑같은 포맷에, 이거 오는 애들은 도대체 어떤 애들인지 모르겠고 짜증이 이만저만이 아니다. 그런데 막상 낭독하러 가면 이상하게 기분이 좋은 거다. 낭독하다가 약간 들썩이면서 고개 춤만 춰도 사람들이 웃는다. 읽다가 발음이 꼬여도 아무도 뭐라고 하지 않는다. 게다가 다 같이 모여 소리 내어 책을 읽으면 처음에는 엄청나게 어색하다. 그런데 나중에 익숙해지면 다들 합창한다. 초등학교 국어 시간으로 돌아간 것처럼 느껴진다.

7. 낭독의례뿐 아니라 흥미로운 강좌들을 연다. '타인의 일기 쓰기', '1년 안에 신생 출판사가 자리 잡기 위해서 필요한 전략들' 혹은 도자기에 꿈 일기를 쓰는 '이상한 물체 낯선 꿈' 등을 연다. 배드베드북스엔 어떤 성격의 워크숍이 열리는 건가?

텍스트를 가지고 할 수 있는 실험은 지적이고 고상해 보이지만 대부분 지루하기 짝이 없다. 하지만 어렸을 때 본 타르코프스키 영화가 오래 오래 기억에 남듯이, 지루한 경험이야말로 생소하고 이상한 경험이라고 생각한다. 읽고 쓰는 행위가 동물원 소풍처럼 생소한 즐거움을 줬으면 좋겠다. 여행 많이 다녀서 여행이 지긋지긋하다고 하는 사람은 봤어도, 이제까지 동물원 같이 다니면서 동물원 싫어하는 사람은 못 봤다. 평소에는 볼 수 없는 것들이 거기에 있기 때문이다. 배베에서 여는 워크숍은 한 번도 겪어보지 못한 경험을 선사하겠다는 모토가 깔려 있다. 이제 곧 열릴 행사 이름은 '데이비드'다. 데이비드 핀처, 데이비드 린치, 데이비드

크로넌버그, 데이비드 보위의 영화와 음악을 한꺼번에 몰아서 보는 행사다. 선착순 4명만 받는다. 입장료도 없다. 배베에는 꽤 괜찮은 친구 자취방에 놀러가는 기분으로 놀러오면 된다. 정확히 바로 그런 분위기를 조성해주려고 한다.

8. 도자기에 꿈을 기록해 그 꿈을 만지고, 가진다는 접근이 흥미로웠다. 말하자면 생각, 글의 책이나 물건으로 만들어지는 '물성'에 대한 고민이 담긴 셈일까?

그렇다. 물성에 대한 고민이 있다. 너무 많은 텍스트의 홍수 속에 살고 있기 때문에 어떤 텍스트가 나한테 가장 소중한 텍스트인지 알 수가 없게 됐다. 꿈을 도자기로 만들어보자는 아이디어도 좋았지만, 일기를 도자기에 기록한다는 생각이 더 우선이었다. 그날의 도자기를 만들어 책상 앞에 두면 펼쳐진 일기장을 소유하게 되는 꼴이니 말이다. 말이 나왔으니 '펼쳐진 일기장 만들기' 워크숍도 해봐야겠다.

9. 배드베드북스 워크숍 중 가장 마음에 들었던 것 하나를 말해달라.

워크숍은 아니고, 구성원들끼리 자신이 생각하는 배드베드북스란 무엇인지 기고했던 이벤트가 있었다. 거기서 한 친구가 "중학교에 다닐 때 아버지가 나에게 낚으자라고 했다. 그때 나는 반발했는데 다시 생각해보면 나는 낙오자였고 지금도 낙오자다. 나는 무엇이든 끝을 낼 수가 없기 때문이다. 사람들은 완성을 요구하고 나는 완성하지 못한다. (중략) 나는 회사가 내가 달아날 수 있는 곳이면 좋겠다. 사람들이 달아날 수 있는 곳이면 좋겠다. 사람들이 하고 싶은 것들을 벌여 놓고, 끝맺지 못해도 화를 내지 않았으면 좋겠다. 계속해서 시도만 했으면 좋겠다"라고 썼는데 큰 감동을 받았다. 배베의 모토는 바로 이것이다.

10. '배드베드북스'란 공간은 어떻게 지속될 수 있을까? 트위터에 올린 것처럼 말하자면 '토렌트 정신'으로 열심히 돈 벌어서 좋은 일 하는 공간이 되길 바라는 건가?

방금 말했던 것처럼 계속해서 구성원들이 자기가 정말로 하고 싶은 것들을 시도할 수 있는 공간이었으면 좋겠다. 그런데 이윤을 생각하면 절대로 그럴 수가 없다. 상품을 만들 생각을 하는 순간 실패해서는 안 된다는 생각이 들기 때문이다. 우리는 상품이 아니라 경험을 만들고 싶다. 그래서 우리는 각자가 따로 하는 일이 있다. 공간은 평소에 작업실로 쓰고 있고, 보드게임도 많이 한다. 모여서 「그것이 알고 싶다」도 본다. 우리는 좋은 일을 할 생각이 없다. 좋은 일을 하면 좋을 일의 그 '좋음'이라는 것이 이윤과 같은 것으로 취

급될 것임을 깨달았다. 배베는 하고 싶은 일만 할 것이다. 그렇게 하지 않았다면 작년에 이미 없어졌을 것이다. 우리들이 정말로 겪고 싶은 경험은 아무도 겪어보지 못한 경험이다. 당신이 원한다면 당신도 우리들과 잠시 같이할 수 있다.

11. '우리는 세계에 대한 세계이다. 세계는 창작을 한다. 우리는 창작을 하지 않는다. 우리가 쓰는 것은 책이 아니다. 우리가 만드는 것은 새로운 세계가 아니다. 우리의 목적은 책도 아니고 세계도 아니다'란 말은 뭘 뜻 하는 건가?

잠시 함께 일을 했던 이이체 시인이 쓴 횐소리다. 우리의 목적은 책이고, 세계다.

12. 배드베드북스에서 예정된 일들은 어떤 것이 있나?

일단 '1월의 책', '깔깔 유머집'이라는 제목의 책을 출간할 것이며, 누차 말했듯이 텍스트 머드 게임을 만들고 있다. 머드 게임은 채팅방에 '슬라임 때린다' 등의 명령어를 입력하여 진행하는 게임으로, 글자가 모든 이미지를 대체한다. '1월의 책'은 올해 4월부터 나오는 책이다. 달마다 김승일 시인(본인이다)이 한 달 동안 쓴 시, 일기, 산문, 교수에게 보낸 F 주지 마세요 제발요 편지 같은 것이 포함된다. 월간 윤종신 같은 책이다. 하지만 훨씬 더 사적이고, 수치스러운 작품이 될 것이다. 아직 리뉴얼중이지만 badbedbooks.kr 홈페이지에서 자세한 정보를 읽어볼 수 있다.

2015.03.16.

울기 전에 얘가 곧 울겠네 하고 어쩔 줄을 모르게 되고 웃기 전에 얘가 곧 웃겠네 미리 행복해지고. 그래서 내가 웃기 전에 걔가 웃으면 그걸 보고 나도 웃고. 곧 웃을 일들과 곧 슬플 일들을 미리 겪고. 다시 겪고. 세상 같은 건 심심해서 버리고. 그러고 사는 것 같습니다.

서간체로 시를 써봅시다

1. 수업 제목

"서간체로 시를 써봅시다"

2. 수업 소개

제가 쓴 시 중에 「나의 자랑 이랑」이라는 시가 있습니다. 옛날에 제가 제 친구 이랑한테 시를 하나 써주기로 했습니다. 제목은 '나의 자랑 이랑'으로 정했어요. 무슨 얘길 써줘야 되나 무척 고민이 되었습니다. 뭘 쓰든 별로 진심이 담겨 있는 것 같지 않았습니다. 몇 번의 실패 끝에 저는 서간체 형식의 시를 써주기로 마음먹었습니다. 그래, 다른 어떤 형식도 어떤 말장난도 필요 없을 것 같아. 편지를 써봐야겠어. 그렇게 완성한 시는 다음과 같습니다. 꽤 많은 사람들이 이 시를 좋아하시는 것 같습니다.

나의 자랑 이랑

넌 기억의 천재니까 기억할 수도 있겠지.

네가 그때 왜 울었는지. 콧물을 책상 위에 뚝뚝 흘리며,
막 태어난 것처럼 너는 울잖아.
분노에 떨면서 겁에 질려서. 일을 하고 살아야 한다는 것
이, 네가 일을 할 줄 안다는 것이.
이상하게 생각되는 날이면, 세상은 자주
이상하고 아름다운 사투리 같고. 그래서 우리는 자주 웃
는데.
그날 너는 우는 것을 선택하였지. 네가 사귀던 애는
문 밖으로 나가버리고. 나는 방 안을 서성거리며
내가 네 남편이었으면 하고 바랐지.
뒤에서 안아도 놀라지 않게,
내 두 팔이 너를 안심시키지 못할 것을 다 알면서도
벽에는 네가 그린 그림들이 붙어 있고
바구니엔 네가 만든 천 가방들이 수북하게 쌓여 있는
좁은 방 안에서,
네가 만든 노래들을 속으로 불러보면서.

세상에 노래란 게 왜 있는 걸까?
너한테 불러줄 수도 없는데.
네가 그린 그림들은 하얀 벽에 달라붙어서
백지처럼 보이려고 애쓰고 있고.

단아한 가방들은 내다 팔기 위해 만든 것들, 우리 방을 공장으로, 너의 손목을 아프게 만들었던 것들.

그 가방들은 모두 팔렸을까? 나는 몰라,

네 뒤에 서서 얼쩡거리면

나는 너의 서러운,

서러운 뒤통수가 된 것 같았고.

그러니까 나는 몰라,

네가 깔깔대며 크게 웃을 때

나 역시 몸 전체를

세게 흔들 뿐

너랑 내가 웃고 있는

까닭은 몰라.

먹을 수 있는 걸 다 먹고 싶은 너.

플라타너스 잎사귀가 오리발 같아 도무지 신용이 안 가는 너는, 나무 위에 올라 큰 소리로 울었지.

네가 만약 신이라면

참지 않고 다 엎어버리겠다고

입술을 쭉 내밀고

노래 부르는

랑아,

너와 나는 여섯 종류로

인간들을 분류했지

선한 사람, 악한 사람……

대단한 발견을 한 것 같아

막 박수치면서,

네가 나를 선한 사람에

껴주기를 바랐지만.

막상 네가 나더러 선한 사람이라고 했을 때. 나는 다른 게 되고 싶었어. 이를테면

너를 자랑으로 생각하는 사람.

나로 인해서,

너는 누군가의 자랑이 되고

어느 날 네가 또 슬피 울 때, 네가 기억하기를

네가 나의 자랑이란 걸

기억력이 좋은 네가 기억하기를,

바라면서 나는 얼쩡거렸지.

저희 어머니가 저한테 항상 하시는 말씀이 있습니다. 누구 엄마는 아들이 맨날 편지를 써준다더라. 엄마 제가 잘할게요. 사랑해요. 그런 거 써준다더라. 너는 왜 나한테 편지를 하나도 안 써주니? 속상하다. 그러면 저는 엄마한테 항상 이

렇게 답했습니다. 엄마 나는 식상한 표현 같은 거 써주기 싫어요. 사랑해요, 잘 할게요 이런 거 써주기 싫어요. 마음이 표현되는 것 같지 않아요. 내 마음은 그런 식상한 단어들로 표현될 수 없어요. 사랑한다는 말로 사랑이 표현되는 것 같지 않아요.

김행숙의 시 「하이네의 보석 가게에서」에 보면 이런 구절이 나옵니다. '언니, 언니는 한국어로 사랑을 고백할 수 있어?' 저는 이 구절을 보고 뭔가를 깨달았습니다. 정말 그러네. 한국어로 사랑을 고백하는 일은 생각보다 어려운 일 같아. 우리가 사랑한다고, 사랑한다고 수천 번을 말해도 그 사랑의 진심이라는 건 쉽사리 전해지지 않지. 짝사랑에 빠진 사람은 짝사랑하는 상대에게 자꾸만 빙빙 돌려서 구애하기 마련이야. 힘들다고 제발 나 좀 봐달라고. 술에 취해 직설적으로 실토하면 그 말이 얼마나 찌질한지. 사랑에 실패한 사람에게 한국어로 된 모든 말들이 얼마나 한심하게 느껴지는지. 저는 알 것 같았습니다. 그래서 어쩌면 내가 시를 쓰는 이유는 한국어로 무언가를 고백하기 위해서가 아닐까? 그 고백이 사랑 고백이든 고해성사든 상관없이, 진심이 전해지는 고백을 하고 싶어서, 그래서 나는 시를 쓰는 것이 아닐까? 그런 생각을 하게 되었습니다.

최근에는 이런 생각도 해보았습니다. 우리가 언제나 대중을 상대로 하기 때문에. 우리가 쓴 글들이 우리에게 정말로 소중하고 각별한 얘기가 아니라 그저 한 번 읽고 나면 다시 읽을 필요가 없는 그런 글들이 되는 것은 아닐까?

이번 수업에서는 서간체로 시를 쓰는 것에 대해 다루겠습니다. 목표가 아주 뚜렷하지요? 편지에 진심을 담는 일은 생각보다 만만치 않습니다. 제가 열심히 도와드리겠습니다. 숱하게 겪었던 제 인생의 고해성사 경험을 통해서요. 여러분의 고백을 도와드리겠습니다. 아시겠지만, 고백에는 한 가지 방법만 있는 것이 아닙니다. 그리고 어떤 멋진 고백의 순간을 맛보셨을 때 다들 아시게 될 겁니다. 시의 핵심이 고백에 있다는 것을.

ps 오바마에게 편지를 쓰셔도 되고 육지담에게 쓰셔도 됩니다.

3. 강사 소개

김승일 시인. 1987년 경기도 과천에서 태어나 2003년에 안양예고 문예창작과에 입학했다. 2012년에 한국예술종합학교 극작과를 졸업했다. 2009년 『현대문학』 신인 추천으로 시단에 나왔다. '는' 동인으로 활동 중이며, 문학과 지성사에서 나온 시집 『에듀케이션』이 있다.

4. 수업 개요

수강 인원은 최대 12명이며, 시간은 2시간씩.
화요일과 목요일에 강의가 가능합니다.

5. 수업 대상

편지 형식으로 시를 써보고 싶은 사람. 무슨 글이든 진심이 전해지도록 쓰고 싶은 사람.

6. 주별 수업 내용

1주차: 왜 편지인가?

- 편지에 얽힌 이런저런 사연을 함께 얘기해 본다. 오리엔테이션.

2주차: 편지 형식으로 쓰인 시 읽기.

- 테드 휴즈의 생일 편지 시집을 필두로 서간체로 쓰인 시들을 함께 강독해본다. 세상에 얼마나 멋진 편지들이 있는지 함께 살펴보는 시간. 사실상 이 수업의 백미. 과제로 누구한테 편지를 쓸지 미리 정해서 그 목록을 추려오기. 각각 5명씩 정하기!

3주차: 누구한테 편지를 쓸까?

- 누구한테 편지를 쓸지 어떤 편지를 쓸지 어떤 사연이 있는지 상의해보는 시간. 저번 시간에 5명을 정하셨죠? 한

달 동안 시 5편을 쓰는 건 무리이기 때문에 이날 2~3명으로 추릴 겁니다.

4주차: 그림책 보기 + 그림일기 써보기

- 글을 쓰기 전에 그림으로 정황을 그려보는 연습을 하면 도움이 아주 많이 됩니다. 글로 묘사를 하는 것보다는 그림을 그려보는 것이 처음엔 더 재밌기도 하고요. 이번 수업에서는 편지를 받아보는 상대방과 갔던 곳, 했던 일을 그림으로 그리고 일기를 써봅니다. 그런데 그림은 또 어떻게 그려야 하지? 제가 집에서 그림책을 두 박스 정도 가지고 오겠습니다. 남녀노소 좋아하는 멋진 그림책들을 함께 읽어봅니다.

5주차: 서간체로 시를 써봅시다.

- 이제 시를 써 와서 함께 읽어보는 시간을 갖겠습니다. 시를 어떻게 쓰지? 한 번도 써본 적이 없는데 어쩌지? 이 또한 걱정하지 마세요. 여러분이 이제까지 시라고 생각해왔던 글은 시가 아닐 공산이 큽니다.

6주차: 영화에 나오는 편지들

- 서간체로 써 온 시를 함께 읽어보고 코멘트를 합니다. 제가 직접 편집한 영상을 함께 보면서 영화에 나오는 편지들을 읽어봅니다. 편지는 어떤 힘을 가지고 있을까요? 영화에 나오는 편지에는 어떤 얘기가 있을까요?

7주차: 마지막으로 시를 함께 읽어보고 코멘트를 합니다.

직접 우체통에 '서간체로 쓴 시'를 발송하러 가봅시다. 만약 세상에 없는 사람에게 편지를 썼다면 길에서 불태워봅니다.

 8주차: 답장이 왔는지, 반응이 어땠는지 이야기해보면 좋겠습니다. 각자에게 잘 맞는 시집을 추천해드리고 제가 좋아하는 시들을 함께 해설하며 읽습니다. 수업 중에 궁금했던 일들에 대한 답변도 해드립니다.

2015.03.20.

이제 시를 써야 하는데 어떻게 쓰는지 정말로 모르겠다. 중얼거리며 쓰는 법이 있는데 중얼거릴 수 있는 공간이 없는 것처럼 느껴진다. 단순히 집이 준비되지 않아서 그런 것은 아닌 것 같다. 어쩌면 내가 시를 쓰고 있지 못하는 이유는 시를 쓰는 것이 다시 조금 무섭기 때문일 수도 있는 것 같다.

황현산 선생님이 쓰신 평을 읽고 좋았다. 그걸 쓰려고 했기 때문이었다. 그리고 그걸 정말로 썼기 때문이었다.

어제는 휘강이와 얘기했다. 나는 향유에의 권유가 마음에 들지 않는다고 했다. 나는 향유가 마음에 들지 않는다고 했다. 전에 일기에는 행복을 원하지 않는다고 썼다. 나는 무엇을 부정하는 것만이 내가 할 수 있는 일이라고 생각하며 너무 오랜 시간을 살았다.

재미 공작소에서 수업하면서, 사람들에게 한 얘기 중에 내가 하고 나서도 가장 기억에 남는 얘기가 있다. 나는 '왜'라는 질문으로 도출되는 답이 중요한 것이 아니라 그저 '왜'라는 질문 자체가 시라고 생각한다고 말했다. 그리고 그 질문의 주체가 누구냐에 따라, 그러니까 그 질문을 하고 있는 현재 진행형의 나의 감정과 상황과 상태를 누군가가 느낄 수 있다면. 어째서 이토록 편집증적으로 모든 것을 부정하고자 하는지를, 나를 보면서. 나라는 사람을 보면서. 나라는 사람의 영혼을 보면서. 영혼이 있다고 말할 때, 나라는 사람이 과연 영혼이 있을까? 없는데 있다고 말하고 있구나. 번민하는 자세, 태도, 그리고 어떤 총체를 누군가에게 조금이라도 전달할 수 있다면. 더 많이 전달할 수 있다면.

그게 내가 시를 쓰는 이유인 것 같다. 나는 아니라고 말한다. 강의석과 다를 것이 없다. 그냥 누군가는 아니라고 말할 수 있어야 한다는 대의 같은 것이 그에게는 있다. 하지만 강의석은 너무나도 순진하고 이기적이고 속물근성으로 가득 차 있다. 나 역시 순진하고 이기적으로 속물근성으로 가득 차 있지만, 나는 동시에 나 자신의 그러한 근성들을 비판하고 그래서는 안 된다고 말하며 그러한 우유부단 속에서 괴로워한다.

누가 더 괴로워하느냐가 문제인가? 나는 왜 그렇게 생각했지? 기독교 때문인가?

2015.03.20. 20:46

나는 하늬와 있으면 정말 행복하다고 느낀다. 이전에 나는 가끔 행복했다. 그렇지만 항상 그때마다 이래도 되는지를 생각했던 것 같다. 하지만 이번에는 그런 의심이 들지 않았다. 내가 좋으면 하늬가 좋은 것 같았다.

그렇지만 내가 내 상황이 꼬여 있다고 생각하고, 어떤 관계가 꼬여 있다고 생각하고, 무언가가 잘못되었다고 생각하고, 지금 이것을 극복해야 한다고 생각하게 되면 나는 괴롭고 내가 괴로우면 아무도 좋지 않다.

그러면 나는 내가 괴로워도 너희는 좋았으면 좋겠다고 빈다. 그렇지만 나는 성경 속의 예수가 아니기 때문에 내가 괴로워, 내가 괴로워 티를 내면서 너희는 좋아라라고 아무리 진심으로 빈다고 해도 사람들은 안달 나서 짜증만 내는 한심한 인간을 보면서 기분이 상하는 것이다.

나는 르네 지라르와는 다르다. 나는 해석주의자들과도 다르다. 나는 해체주의자들과 다르다고 할 수 없다.

나는 알료샤와 다르다. 알료샤는 하느님을 믿지만 나는 대속을 믿지 않는다. 왜냐면 내가 대속할 수 없기 때문이다. 이 시대는 대속을 잃어버린 시대다. 이렇게 써도 시를 쓸 수는 없다. 이 시대는 대속을 잃어버린 시대가 아니다. 이렇게 쓰면 시를 쓸 수 있을 것 같다. 하지만 나는 대속을 할 수 없는 사람이다. 무엇이 나를 그렇게 만들까.
그리고 대속이라는 것을 꼭 해야 하는가?

함께 누워서 이게 계속 됐으면 좋겠다고 생각하는 마음이야말로 내가 진심으로 원하는 것이다. 다른 것은 원하지 않는다. 나는 시도 원하지 않는다. 그것은 대속이 아니다. 그리고 그런 일은 일어나지 않는다. 그렇지만 그런 일이 일어나지 않는다고 해서 대속을 믿겠는가. 아니다 나는 함께 누워 있는 일을 택하겠다.
내가 만약 도스토옙스키라면 문단과 문단 사이에 손을 잡고 하느님의 나라로 걸었던 기억을 쓸 것이다. 사랑하는 사람과 함께 끌어안고 누워 있는 일을 쓸 것이다.
이것은 이미 도스토옙스키가 썼다.

그런 것을 누가 이미 썼다고 쓴다고 해서 그것이 무기력과 무능력을 뜻하는 것은 아니다. 당신들은 대속, 순례, 상징을 원한다. 나는 원하지 않는다. 나는 기쁨과 웃음을 원한다. 그렇지만 나는 그렇게 하지 못한다. 나는 어느 날 계속해서 대속, 순례, 상징을 원한다. 그러나 여기에 내 옆에 그런 것을 원하지 않는 사람이 있다. 그는 정말로 원하지 않는가? 나는 그것을 믿지 않는다. 그렇지만 우리가 원하지 않는다는 사실은 확실하다. 그리고 우리는 서로에게서 그것을 확인하면서 안심한다. 거기서 나는 사랑이라고 말한다.

나이가 들고 전보다 더 어른스럽게 일도 하게 되었는데 더 잘 참게 되는 것이 아니라 무엇이든 다 내가 참을 수 없는 어딘가에 작고 좆같은 결함이 있는 무리해서 인터넷에 이케아에서 주문한 비싼 물건처럼 느껴진다. 아니다. 나는 참을 수 있다. 그리고 많이 참는다. 왜냐면 예전보다 참을 수가 없어졌기 때문이다.

2015.03.23.

말 같은 거 이제 하기가 싫다. 일어나서 한동안 그런 생각을 했다. 하지만 내가 말을 하지 않으면 더 안 좋은 일만 생기겠지. 나는 말이나 하는 사람이니까.

위플래시를 봤고 스포츠 영화 같았다. 하.

샤워하고 시 쓰다가 3시에 배베에 가야겠다.

2015.03.24.

못 쓰겠다

2015.03.27.

체홉은 덧없다고 계속 부르짖고, 누구도 망했다고 부르짖는다. 사랑에 실패해서 그렇다고 한다.

2015.03.30.

이제 군대를 진짜로 가야 하는구나. 갔다가 와도 잘 살겠지. 기분 좋게 다 정리해야지.

2015.03.31.

바라기만 바라지.

인식의 확장

　도스또예프스키가 쓰려다가 죽느라고 쓰지 못한 까라마조프 씨네 형제들 2부를 쓰기 위해 나는 도스또예프스끼다 나는 도스또예프스끼다 계속 중얼거리고 자고 일어나서 팔이 차갑구나 내 아들 알료샤가 간질 발작으로 죽었구나 그럴 때 까라마조프 씨네 형제들 2부라는 가제를 달아 장편소설 한 편을 쓰고 나는 도스또예프스끼가 아니다를 중얼거리지 않아도 나는 원래 도스또예프스끼가 아니고 이 소설을 쓴 나는 도스또예프스끼다를 정말 많이 중얼거린 사람이고 나는 내가 도스또예프스끼라면 이 소설을 이렇게 쓰지 않았을 것이라고 생각한다 헌신적인 세 번째 아내 안나 그리고리예브나 도스또옙스까야는 요양 중이던 도스또예프스끼가 구술하는 까라마조프 씨네 형제들을 속기로 받아썼다 나는 도스또다를 계속 중얼거렸던 나도 나의 아내에게 2부의 속기를 부탁했고 혁명 세력에 가담한 알료샤가 황제를 암살하는 장면부터 그가 처형을 당하는 장면까지 나처럼 아내의 표정도 좋지 않았다 부인 이건 내가 쓰고 싶은 대목이 아닙니다 도스또가 쓰려던 소설의 결말일 뿐이에요 당신도 내 아내가 아닙니다 나는 안나다 나는 안나다를 반복하세요 우리는 잤다 부부는 일어났다 나는 도스또다 나와 나는 안나다 너의 표정은 여전히 밝지 않았다 기쁨이 없으면 결코 살아갈 수 없다는 말 기억하세요? 이 소설의 1부에서 알료샤가 했던 말이요 물론이죠 이 소설에는 모든 곳에 바로 그게 있어야 하죠 알료샤의 총살 장면에 계속 그걸 넣었다가 뺐다가 했다 넘어갈까요 계속 우릴 살게 하는 기쁨 같은 건 에필로그 속에 많이 넣으면 되죠 아니, 아니야, 이 소설에는 모든 곳에 바로 그게 있어야 한다 하지만 이대로 당신이 또 죽으면 어떻게 하죠 그들은 잠을 잤다 결말부가 완성되었고 에필로그 속엔 그게 많이 있었고 그리하여 나는 쓴다 나의 아내가 모든 것을 속기하고 있다는 걸 숙지하고서 나는 쓴다 안나와 <u>도스또</u>의 도스또에게 나라면

이렇게 썼을 거라고

의지하다, 믿다, 의뢰하다, 그렇다

내 바탕화면에는 놀라서 입을 벌리고 있는 사람 사진이 있다 정말 놀라서 입을 벌리고 있는지는 모르겠지만 나는 그 사진이 좋다 놀란 사람은 아직 아무것도 의심하지 않았으니까

괴테는 영원히 고정된 뜻을 가진 단어가 있다고 믿는다
벤야민은 믿지 않는다

괴테는 영원히 고정된 뜻을 가진 단어가 있을 거라고 믿으려고 한다
벤야민은 믿지 않는다

괴테는 영원히 고정된 뜻을 가진 단어가 아니라는 사실을 알고 자기가 쓴 단어를 지운다 사랑이라는 언어다
벤야민은 사랑을 믿지 않는다

괴테는 쓴다 사랑이라고

벤야민은 믿지 않는다

사랑에 실패했다고 믿는 것들이나 여기에
사랑이 없다고 쓴다

애초에 그것은 사랑이 아니었다고
써야 한다 왜냐하면

정말로 아니기 때문이다 사진 속의 여자가 자고 있었다
입을 맞추니 놀라며 깼다
  입을 벌렸다 의심이 없이 처음과 같이 이제와 항상 영원히

인터미션

 극장에 불이 켜졌다 다 같이 나갔다 들어오니 배우들이 덧마루를 뜯어내거나 사다리에 올라 조명을 해체하고 있었다 쉬는 시간 아니었어요? 당신들이 나가고 15분 동안 2막을 했어요 커튼콜도 했어요 얼마나 손이 부족하면 배우들이 직접 무대를 부수고 있을까 뒤풀이라도 잘 하라고 돈을 쥐여줬다 뒤풀이에 같이 가자고 했다 가서 2막에서 일어난 일을 들었다 잘도 그렇게 했겠다 이 삼류 아마추어들아 나는 어떤 일에서든 좋은 점을 찾아내고야 만다 그게 나의 좋은 점이다 2막에서 무슨 일이 또 있었어요? 오늘따라 수양대군이 에너지가 넘쳤어요 좋은 점을 찾을 때까지 나는 집에 가지 않았다 이게 나의 정말로 좋은 점이다 좋은 점이다 정말로 좋은 점만이

여기가 요양원이다

여기는 물론 내가 너희들에게 약속했던 요양원이 아니다. 하지만 여기가 요양원이다. 이걸 짓기 위해 돈을 벌었다.

흥미롭냐?

홀이 모든 것이 숫자로 보인다고 했다

보르헤스
어떤 아침 그가 내게 물어보았다
보르헤스, 무엇이 보이지?

내가 무엇이 보이는지 말해주었을 때
그가 나를 후려갈겼다

멍청아 보르헤스는 장님이야

나에 대한 정보가 부족한 사람이군 장님도 본다 눈을 감아도 안개가 보인다
나는 아직 노란색과 파란색 그리고 초록색을 볼 수 있는데 그는

아무것도 보이지 않아요
이렇게 말해야 그는 실명의 세계를

상상하는 사람이다

기계의 주인

감옥엔 다른 이들도 있다 나는 병역을 거부하여 여기에 수감되었고 그 전에는 화가였고 그 전에는 시인이었다 오늘 아침에 무서운 일이 벌어졌다 나는 그 광경을 그림으로 그려 보고 싶었지만 눈을 뜰 엄두가 나지 않았다

나는 내가 시인이었을 때를 기억해
이렇게 시를 쓰다가

나는 내가 오늘 한 번도 눈을 뜬 적 없었다는 사실을 깨달았다 누가 내 몸을 들고
「너는 이제 다시 그냥 기계다」라고 입력했는데

나는 이 일이 이제 너는 시인도 아니고 앤디 워홀도 아니고 병역을 거부하지도 않았다는 것만을 의미한다고 믿었던

것이다 그러나 그건 내 눈이 이제 다시 기계눈이라 인간이 보는 방식과는 다른 방식으로 햇살을 보게 되었다는 것을

뜻했던 것이다

하지만 만약 이 시의 화자인 기계가 정말로 자기가 기계라고 믿는다면 애초에 홀*에는 눈이 달려 있지 않다는 사실을 확실히 인지하고 있을 것이다 그러므로 누군가가 내 기계를 들고 다음과 같이 입력했음이 틀림없다 너는 고장 난 홀이다

---
* 키워드를 입력하면 자신이 그 키워드(지시체)라고 착각하는 기계.

한양대 특강

시인이란?

절망, 파국에 대해서 박성준 시인이 얘기한 것 같다. 최근 우리 세대의 시인들에게 평론가들이 이미 끝난 파국, 전쟁이 휩쓸고 간 데서 할 말이 없으니까 할 말이 없다고 말하고 있다고 비판을 한다. 우리는 이제 발언권이 없다. 김소월처럼 사랑을 얘기하면 그건 그냥 김소월 짝퉁일 뿐이니까. 우리가 뭘 얘기해도 별로 신선할 게 없다. 생활고에 시달리고. 박사도 국문에서 하고 제도권에 편승된 것처럼 보이지만 실제로 그렇지도 않고. 그러면 나는 머리를 써서 주류 인문학이 아니라 조금 더 색다른 인문학을 공부하면 뭔가 길이 있지 않을까. 문창과나 국문과 극작과 노선을 선택하지 않았다. 결과는? 좆망이다. 새로운 상상력으로도 아직 역부족이다. 그런데 나는 앞으로도 편한 길보다는 조금 어려운 길들을 선택하려고 한다. 내가 시를 선택한 이유도 시가 산문 쓰는 것보다 어려워 보였기 때문이다. 비합리적인 것 같지? 소설가가 시인보다는 훨씬 안정적인데. 생활도 물론 힘들지만.

그럼 우리는 왜 합리적이지 않은 선택들을 하면서 살아가고 있는 것일까?

합리성이란 무엇인가?

계몽주의는 합리적 이성으로 인간이 원숭이에서 인간으로 진화했던 것처럼 사회가 문명이 계속해서 발전할 수 있다고 본 것이다. 그러나 나치가 제2차세계대전 일으킬 때에 내세운 것이 바로 그 합리성이다. 합리적으로 행동하고 사고하다 보면 세계가 평화로워지고 발전할 거라고 생각한 거지. 아도르노, 프랑크푸르트학파, 데리다. 자연적인 것이란 없다. 본래적이란 없다. 필연적인 것이란 없다. 그런데 그 잣대로만 세상은 사람을 평가한다. 미학이다. 예술이고. 시다.

그럼 당신은 지금 무엇을 꿈꾸는가?

독립출판. 유통. 합리성. 사람들이 정해놓은 합리성으로는 이미 경쟁력이 없다. 왜냐면 문학동네와 같은 거대 출판사들만이 모든 권력과 돈을 가지고 있고, 스타 작가들은 다 그쪽으로 몰릴 수밖에 없다. 그러면 생태계가 무너지기 마련인데. 모든 출판사들의 롤모델이 거대 출판사다. 그게 가장 합리적이고, 안정적이고, 경제적으로도 합리적이니까. 과연 그 합리성만 가지고 우리가 돈을 그 정도 벌지 않더라도 자기가 보여주고 싶은 것을 보여주면서 살 수 있나? 그조차도 힘들지. 그러니까 비합리적이라고 생각되더라도 다른 길을 모색해야 하는데. 아무도 다른 길에 대해서는 알려주지 않는다. 그래서 나는 뭘 해보고 있는데. 올해부터 1월의 책이라고 해서. 다달이 내가 쓴 일기, 칼럼, 시를 그 달에 쓴 것을 100권만 뽑아서 판매하려고 한다. 이걸 어떻게 유통시킬지에 대해서 고민하고 있다.

이건 지금 당장 돈을 보고서 하는 건 아니지. 이게 아카이빙이 되고 저 스스로 살아갈 수 있게 되었을 때. 큰돈을 보는 게 아니라 아무도 이렇게 출판할 수 없으니까. 거대 출판사가 이렇게 할 수 없으니까 하는 거다. 비합리적이라고 해도. 그들이 할 수 없는 것을 해보려고 한다. 그것이 모색이 될 것이다. 소화할 수 없는 것이. 그리고 위협이 되려고 한다. 그들이 원하는 것이 상품이라면. 파급력이 있으려면 어떻게 할까? 그리고 이러한 상품을, 파급력을 만드는 것은 박성준 시인이 말한 공상에서 출발한다. 내가 시인이 아니었다면, 그리고 박성준 같은 친구 같은 친구가 없었다면 나는 공상을 하기가 어려웠겠지. 공상, 망상, 공상가 역시 연대가 필요하다.

2015.04.08.

아침에 일어나도 잠시도 괜찮지 않다.

2015.04.15.

그 피곤함에는 즐거움이 없었다. 죽이면 쾌감은 있다. 김하늬와 함께 있으면 거의 대부분의 것에 기쁨이 있다. 김하늬와 함께하면 피곤할 때 잠을 잔다. 내가 쓴 시에 나온다.

아 너무 싫다.

나는 계속 이렇게 할 수 있다

눈동자라는 테마로 시 한 편과 200자 원고지 7매 내외의 산문을 청탁받았다. 같은 주제로 시도 쓰고 산문도 써야 될 때면 항상 시를 먼저 쓴다. 시 쓰는 게 산문 쓰는 것보다 시간이 더 많이 걸리기 때문이다. 하지만 이번엔 산문을 먼저 쓰고 그 산문을 레퍼런스 삼아 시를 써보려고 한다. 산문은 눈동자와 총기에 관한 글이 될 것이다. 유년 시절, 한의원이나 약방에 가면 노인들이 나보고 눈에 총기가 있다고 그랬다. 그런 얘기를 지겨울 만큼 많이 들었다. 내가 쓸 산문의 제목은 〈유달리〉다. 시의 화자는 필자의 아버지다. 그는 내가 쓴 〈유달리〉를 읽는다. 그는 내 앞에서 방백한다. 승일아 네 눈은 이제 총명하지 않다. 네 눈은 무척 사악하다. 어쩌다가 이렇게 되었느냐? 〈유달리〉가 완성되면 이제 시를 써야지. 그 시의 제목은 〈안광〉이다. 하지만 〈안광〉은 쓸 수 없을 것이다. 왜냐면 내가 지금 쓰고 있는 이 글이 한약방 얘기가 아니라 어떻게 무엇을 쓸지 고민하는 글이 되어버렸기 때문이다. 따라서 이 글의 제목은 〈유달리〉가 아니다. 나는 계속 이렇게 할 수 있다. 이렇게? 이렇게가 무엇인지를 설명하는 것은 나중으로 미루겠다. 어쨌든 나는 지금 쓰고 있는 이 산문의 제목을 〈나는 계속 이렇게 할 수 있다〉라고 지을 것이다. 그리고 절대 번복하지 않을 것이다. 물론 나는 다음 문단에서 "이 산문의 제목은 〈꿀과 요거트〉다"라고 주장할 것이다. 혹시 또 모르지, 이 산문이 완성되면 그냥 〈눈동자〉라는 제목이 제일 적합해 보일지도. 그럼에도 내 의지는 확고하다. 어떤 일이 있어도 이 산문의 제목은 〈나는 계속 이렇게 할 수 있다〉일 것이다.

이 산문의 제목은 〈꿀과 요거트〉다. 오사마 빈라덴이 죽었을 때, 이코노미스트는 그의 생애를 재조명하는 특집 기사를 실었다. 그 기사의 제목은 〈가정적이고, 아내와 함께 백마를 타고 돌아다니며, 꿀과 요거트를 좋아했던 한 남자〉였다. 눈동자라는 단어를 듣거나 볼 때면 자주 오사마의 눈동자가 가장 먼저 떠오른다. 나는 그를 뉴스에서 처음 봤다. 그의 눈에서는 어떤 확고한 의지 따위가 전혀 느껴지지 않았다. 왜 저 사람을 잡을 수 없는 거지? 저렇게 피곤해 보이는데. 저 사람은 왜 저런 데서 저러고 살지? 그런데 지금 인터넷으로 그의 사진을 다시 찾아봤는데…… 의지 충만이다. 동영상에서 봤을 때는 만사가 다 귀찮은 것처럼 보였는데. 지금 다시 동영상도 찾아봤는데 의지 충만이다. 내가 봤던 동영상에서는 이렇지 않았다. 내가 봤던 동영상을 찾아서 보여주고 싶다. 하지만 글로는 보여줄 수 없다. 글은 동영상이 아니기 때문이다. 데뷔하고 얼마 안 있다가 고등학생 때 시 창작 선생님이었던 김지혜 시인을 만났다. 너 요즘 이상한 것 같다. 어디 안 좋니? 왜 눈을 똑바로 못 바라보니 옛날엔 안 그랬는데. 그녀에게 그 말을 들은 다음부터 나는 누굴 만날 때마다 언제나 눈을 똑바로 마주치기 위해 노력하고 있다. 숨을 쉬어야겠다고 생각하며 숨을 쉬면 숨이 잘 안 쉬어진다. 나는 너의 눈을 보고 있는데, 너는 내가 네 눈을 응시하고 있다는 것을 영원히 알아채지 못할 것이다. 헤겔은 그리스 조각상의 눈동자가 예술의 핵심이며 절대정신을 표상하려는 노력이라고 보았다. 나는 헤겔이 동영상이 없을 때 태어나서 절대정신 같은 얘기를 했다고 본다. 사진에서 나는 총기 충만이다. 셀프 동영상을 찍어볼까. 렌즈를 똑바로 바라볼까. 그럴 수 있을까. 누가 그럴 수 있단 말이냐. 이 글의 제목은 〈나는 계속 이렇게 할 수 있다〉이며 시의 제목은 아직 잘 모르겠다. 알게 되면 후에 이 산문에도 덧붙이겠다.

어시스턴트

1

 눈에 대한 산문 앞에 앉으면 어떻게 눈에 대한 산문을 쓸 것인지에 대한 산문이 되었다 눈 앞에 앉으면

 너는 다른 사람 눈을 똑바로 보지 못하는구나
 (누군가가 내게 했던 말이다)

 라는 문장이 생기는데 문장이 생긴는데라는 문장 앞에 앉으면 문장이 생긴다는 문장 대신 그때부터다 내가 다른 사람의 눈을 똑바로 보지 못하게 된 것이라는 문장이 생긴다고 써야 한다라는 문장이 생긴다 이것이 1이다 내가 눈동자에 대한 산문을 어떻게 쓸 것인지에 대해 쓴 산문에서 언급한

 이렇게다

2

선생님이 그러셨죠 너는 다른 사람 눈을 똑바로 보지 못하는구나 장님 독서광에게 조수가 있습니다 아테네의 철학자에게 진리와 현상을 대신 암기하는 조수들이 있습니다 종목별로요 건드리면 읊습니다 고르기아스 일 년 전에 문답했던 소피스트 청년의 둘째 아들이 올해 몇이냐? 여덟 살이요

내가 대부호가 되면 조수가 되어주겠니?
제가 약간 좋아하는 똑똑한 애들 약 7명이 그러겠다고 했어요 조수들이 생길 겁니다
선생님에게도 여쭈어보겠습니다 저 대신 다른 사람의 눈을 똑바로 보고 다니시다가 제가 건드리면 보고하세요

똑바로 봤다고 하세요

7인의 조수들아 너희들은 저 선생보다 더 자세히 보고해라 돈도 더 줄게 7인의 조수들은 세상에서 가장 아름다운

풍경 앞으로 파견될 것이다 7인의 조수들은 장님 대부호에게 엽서를 보낼 것이다

묘사일 것이다

조수들이 보낸 엽서를 선생이 낭독하면
대부호가 심사를 한다

그는 조수들을 병상으로 불러 모은다 조수도 셋밖에는 남지 않았다 그는 눈을 크게 뜬다 7인의 조수님들 저의 눈을 똑바로 봐주세요 조수들은 대부호에게 엽서를 보낸다 오늘은 선생의 눈을 똑바로 보았습니다 대부호가 되어도 더 쓸 말이 없으면 기분이 좋을까?

대부호는 넣기로 한다 눈에 대한 묘사다
그것이 3이다 3에는 묘사가 있다

2015년 여름호 대담 1차 원고

1) 언제 시를 쓰고 싶다고 느끼시는지요?

남이 쓴 시를 읽고서 그게 시라는 생각이 들면 저도 시가 쓰고 싶어요.

장은정 평론가는 힘들면 시를 찾는다고 했는데, 최근 들어서 저는 괴로우면 시를 찾지 않게 됐습니다. 물론 저는 시를 잘 읽지 않기 때문에 쓰는 입장에서 얘기하겠습니다. 스트레스가 많고, 사회적 생활에 치인 상태에서 시를 쓰면 나중에 그 시를 봤을 때 안 좋더라고요. 그 시를 쓸 때 얼마나 기분이 더러웠는지만 보이기 때문에 그래요.

음 사실 쓰는 일이 괴롭게 느껴지면 쓰지 않는다는 말이 더 맞는 것 같습니다. 이 사람이 지금 쓰기 싫은데 쓰고 있구나. 아무것도 하기 싫은데 쓰고 있구나. 그런 느낌을 독자도 받을 거라고 생각합니다. 저는 쓰기 싫으면 쓰지 않습니다. 그게 오히려 계속 쓰는 일보다 더 중요한 것 같다고 생각하고요. 예컨대 저는 문예지 마감은 잘 지키지 않는 편인데요. 고등학교 시절에 지각을 하면 교문 앞에 세워놓고 벌을 쳤어요. 저는 벌주는 선생님이 수업 들어갈 때까지 교문 근처에 가지 않고 동네를 산책하곤 했어요. 아 내가 늦었구나. 뭔가 잘못했다는 기분이 들고, 학교도 너무 가기 싫지만 곧 가야 할 것 같고. 그런데 그러고 있으면 묘하게 세상이 글로 묘사하고 싶게 감각되곤 했습니다. 벌을 받고 있으면 내가 왜 사는지 알 수가 없기만 했어요. 혼날까 봐 쓰는 시는 쓰고 싶지 않습니다.

2) 요즘 시를 쓰는 데 있어서 관심을 가지고 있는 시적 대상이 있다면?

저는 최근 들어 통계적으로 기계, 종교, 에필로그에 관심이 많았던 것 같습니다. 에필로그는 정말 좋아합니다. 기승전결 다 끝나고 뭔가가 더 남았다면 그게 사실 가장 중요한 부분인 것 같아요. 제가 기본적으로 시가 인식의 확장이라고 생각하기 때문입니다. 한계를 더 밀어보는 것이 즐겁기 때문입니다. 그렇지만 항상 시를 쓰려고 책상에 앉으면 기계, 종교, 에필로그를 의도적으로 외면하기 위해 노력해요. 한 번 썼던 형식이나 소재를 다시 반복하고 싶지 않으니까요. 어떤 대상에 대해서 쓰려고 하면 혹은 어떤 주제를 다루려고 하면 시가 자폐적이게 되는 것 같습니다. 그래서 딱히 요즘 뭔가에 관심 있다는 얘기는 할 수가 없을 것 같아요. 의지의 표명입니다.

구체적인 시적 대상을 외면하려고 노력해도 다시 원점으로 돌아오긴 합니다. 그래도 그 과정을 거치느냐 안 거치느냐가 결과물에 미치는 영향은 상당히 다르다고 생각해요. 저는 제가 구성한 텍스트가 시인인 저 자신을 주체가 대타자를 가리키듯이 가리키고 있다고 생각합니다. 제가 써놓은 것, 의도한 것이 전부가 아니라 그 뒤에 작가인 저 자신이 있고, 그리고 사실 작가의 배후에 작가가 지향하는 것, 작가도 모르는 정보들의 세계인 시가 위치하고 있는 것 같습니다. 다시 원점으로 돌아오긴 하지만, 저는 독자들이 제 시를 읽고, 제가 무언가를 외면하려고 발버둥 쳤던 행적들을 읽을 수 있다고 생각합니다.

3) 시를 쓰거나 퇴고할 때 중요하게 생각하는 요소가 있으신지 또 경계하려는 요소가 있는지요?

안 고쳐요. 고치면 출연 정지한 애들이 나와요. 왜냐하면 고치고 있으며 막 쫄려서 뭐가 더 있어야 되는 것 같아요. 첫 번째 시집은 너무 많이 고쳤거든요. 고치느라 얼마나 피곤했겠습니까. 이제 와서 다시 보면 꼴도 보기 싫습니다. 얼마나 힘들었는지 다 생각이 나니까.

최근에 쓴 시는 보고 또 봐도 내가 이런 걸 썼나? 빨리 쓰고, 다시 안 보고, 잡지에 보낸 다음엔 잊고 살았던 작품이니까 그런가? 매번 낯설어서 좋습니다.

4) 시를 계속해서 쓰게 하는 원동력은 무엇인가요?

저는 사람들이 시를 쓰기 때문에 시를 씁니다. 저는 사람들이 쓴 시를 보면 항상 "아닌데, 그게 아닌데"라는 생각을 합니다. 뭐가 싫은지 구체적으로 파악될 때가 있고, 그냥 이상하게 반발심이 들기도 하는 것 같아요. 요약하자면, 전 사람들이 쓴 글을 제 마음에 드는 글로 바꾸고 싶어서 시를 쓰는 것 같습니다. 부정을 통해서요. 최근 박상수 시인이 어느 잡지에서 2010년도에 시집을 낸 젊은 시인들에게 무기력이 깔려 있다고 쓴 것을 보았습니다. 거기에 제가 한 말을 인용하기도 했는데요. 제가 한 말은 제가 선배 시인들보다 여러 모로 시 쓰는 능력이나 재능이 딸리기 때문에 그들처럼 시 쓰기를 포기했고, 그 포기로 하여금 제 시가 유니크해졌다는 고백이었습니다. 박상수 시인은 그것을 우리 세대의 무기력으로 보았고요. 그런데 할 수만 있다면 그때 제가 했던 말을 좀 수정하고 싶습니다. 저는 선배들의 시가 어떤 담론적 위치를 사수하고 있었고, 그 담론에 내가 낄 자리가 없었기 때문에 뭔가를 포기한 것이 아닙니다. 무기력을 통해 새로운 자리를 차지할 생각도 없고요. 다시 반복하겠습니다. 저는 비평가처럼 다른 사람 시를 비평해서 나름대로 평가합니다. 그리고 그 사람들 시를 내가 원하는 방식으로 고칩니다. 때로는 아예 지우고 다시 씁니다. 최근에는 퇴고를 안 했기 때문에 아예 지우고 다시 쓰는 일만 했던 것 같습니다.

5) 시를 쓰지 않을 때의 시간, 시에 대해 생각하지 않는, 시와 무관한 시간은 시와 어떤 관계를 맺고 있나요?

시인들이 자꾸 시를 쓸 때만 시인이라고 그러는데 가끔은 그게 좀 듣기가 싫습니다. 황지우 선생님이 하셨던 말씀이라고 하면서 말에다 권위까지 부여하고요. 근데 솔직히 무슨 말인지 잘 모르겠거든요. 저도 시만 써서는 돈 벌고 살 수가 없었는데요. 최근엔 시 써서 돈 버는 걸 포기하려고 합니다. 앞이 깜깜해요. 그치만 문단에 기대서 어떻게 기생충처럼 살려고 하는 사람들이 너무 많잖아요. 수요보다 공급이 더 많다고요. 대학 사회는 미쳤고, 교수 티오도 부족하고, 이제 옛날처럼 줄을 잘 서서 연명하던 시절은 끝난 것 같고, 그래도 배운 게 예술이고 하던 게 예술이니까 이걸 이용해서 사회적 삶을 살 수 있으려면 어떻게 하나. 궁리합니다. 시를 쓸 때만 시인이라는 건 시를 열심히 써야 한다는 말처럼 들리기도 하는데요. 저는 열심히가 뭔지 정말 모르겠어요. 저도 마감 때문에 잠 못 자고 그러는데. 이게 열심히인가? 저는 시를 쓰려고 책상에 앉을 때마다 내가 쓰려는 것이 시가 아니라 한 번도 본 적 없는 새로운 형식의 글이면 좋겠다고 생각합니다. 시 시 시 시 하고 있으면 아무것도 안 써집니다. 요는, 시에 대한 과도한 강박이 오히려 시를 우리들에게서 멀어지게 하는 것 같다는 얘깁니다.

먼저 대학원 가서 공부한 것들을 시에 녹이지 않기 위해 노력합니다. 인문학은 인문학이고 시는 시기 때문입니다. 그러면 대학원에서 공부는 왜 했느냐. 인문학 공부를 하기 전에는 내가 시에서 인문학적인 얘기를 하면 되게 내가 무슨 깨달음을 얻은 것 같고 좋았는데요. 공부를 하니까 아 이거 다 누가 한 얘기구나 그런 얘기는 안 썼으면 좋겠다. 이런 생각하면서 쓰니까 심적으로라도 좀 가능성의 세계 속에 사는 것 같습니다. 작업실에서는 친구들과 보드게임을 하고, 게임도 만듭니다. 게임의 룰이라는 것은 플레이어에게 즐거움을 주려는 것이라면 시의 룰은 단순히 즐거움을 주기 위한 것이 아니라는 생각을 하게 되고요. 사실 대중에게 즐거움을 주고 있으면 내가 즐거움을 줬으니까 나를 좀 칭찬해

줘라. 돈도 줬으면 좋겠다. 그런 생각이 듭니다. 게임 만들고 있으면 비교적 시에서는 인정 투쟁을 하지 않게 되는 것 같고요. 그래서 저는 시를 제가 사랑하는 특정 사람에게 보여주기 위해 씁니다. 이렇게 말하다 보니까 이런 생각이 드네요. 저는 시를 고립시킵니다. 고립된 시는 다른 어떤 것보다도 제게 많은 영감을 줍니다. 그리고 그 영감들이 오히려 상업에 사용됩니다. 상업에서 사용한 것은 지양합니다. 그러면 시가 고립됩니다.

6) '시를 쓴다'는 것이 삶에서 갖는 위치와 의미가 있다면 어떤 것이 있을까요?

저에게 있어서 시는 사이비 종교 같은 것입니다. 믿는다고 구원떡이 나오는 것이 아님을 알면서도 그냥 믿어주고 있는 겁니다. 사실 저도 처음엔 시 쓰는 일을 외적인 이유에서 중요시했던 것 같습니다. 유명해지면 좋겠다고 생각했던 것 같아요. 그래서 처음에 시 쓰기 시작했을 때 제 시에 비평이 달리면 기분이 좋았어요. 꽤 많이 달리니까 사람들이 부럽다고 그러고. 그런데 나중에 시집이 나오고 보니까 제 시집이 제가 보기에도 해부당한 시체처럼 보이고 재미가 없었어요. 남 탓만 할 것이 아니라 내가 그렇게 쓴 것 같았습니다. 이건 정말 내가 원했던 게 아니었어요. 저는 쉽게 소비되고 싶지 않습니다.

  최근엔 이 시대의 비평가들이 비평할 가치가 없는 시를 쓰려고 합니다. 이 시대의 비평이라는 말이 중요한 것 같은데요. 저는 이 시대의 시인들이 대부분 비평가라고 생각합니다. 그래서 요즘 무슨 얘기까지 나왔고 앞으로 무슨 얘기를 하면 될지 다들 잘 알고 있다고 생각하고요. 딱히 남 시선을 신경 쓰지 않고 자기 태도 관철해서 쓰면 그게 또 신선하다고 누가 와서 물어가곤 하죠. 그래서 저는 비평가가 지금 당장 제 시를 비평해도 비평가 자신들에게 아무 도움이 안 될 것 같은 시를 쓰려고 노력합니다. 많은 사람들이 예술이 태도라고 하지만 저는 몸짓이나 몸부림이라고 생각하려고 해요. 태도는 평가가 가능하지만 몸짓은 평가해야 할 범주가 많아집니다. 저는 제 시에서 몸짓이 느껴졌으면 좋겠습니다. 시인인 제 자신이 느껴졌으면 좋겠습니다. 비평가는 제 시나 제 태도를 평가하거나 담론화할 수 있겠지만 제 몸짓이나 몸부림을 가지고는 그저 저걸 보세요 흥미로워요, 이런 말밖에 할 수 없을 것입니다. 이 시대의 비평가들이 그런 얘기를 왜 하겠습니까. 그런 얘기는 비평가가 아니라도 할 수 있다고 생각하니까 하지 않을 것입니다.

7) 박상순 시인의 시를 어떻게 읽으셨나요?

저는 선생님 시가 좋고요. 선생님 시는 도식적으로 느껴집니다. 도식적인 시는 대부분 자폐적으로 느껴집니다. 자폐는 악몽 같습니다. 그런 시를 읽으면 답답합니다. 그래서 저는 도식적인 시를 쓰지 않으려고 노력합니다. 끝없이 갈라지는 미로를 만드는 일을 피하려고 합니다. 그런 시를 쓰면 히스테리만 부리다가 결국 아무런 결론도 없이, 의지도 없이 실패만 전시하는 것처럼 느껴지기 때문입니다. 그런데 선생님 시에서는 이상한 위트가 느껴집니다. 솔직히 위트라는 말을 써도 될지 잘 모르겠어요. 선생님 시를 읽으면 이상하게 마음이 산뜻해지고 후련해집니다. 웃기도 많이 웃기 때문에 그냥 이상한 위트라고 하겠습니다. 선생님의 이상한 위트는 미로의 출구 같습니다. 도식이나 자폐의 종결처럼 느껴집니다.

저는 선생님 세대를 조금 다르게 느끼는데요. 저는 요즘 세대의 시가 신식이라고 생각하지도 않고요. 요즘 친구들도 작위적으로 인풋과 아웃풋을 만들고 있다고 생각해요. 어떤 사람들은 시의 구조가 모호성에 기반하고 있다고 하는데요. 그렇게 말하는 사람들 역시 사람들의 시를 비평할 때면 시의 부분만을 가지고 와서 자꾸 아웃풋을 만들어버리곤

하는 것 같아요. 이 부분 너무 아름답지 않아? 이 문장이 인문학적으로 얼마나 가치 있는 문장인지 알려줄게. 이렇게들 떠들어댈 때 시의 구조는 실종되는 것 같습니다. 많은 시인들이 그 사실을 알고 있고, 그래서 비평적으로 가치 있는 구절들을 만들어내기 위해 노력하고 있는 것 같습니다. 그렇게 쓰인 시는 미로가 아니라고 생각합니다. 우리가 만든 아웃풋도 아웃풋이 아니라고 생각하고요. 입구도 없고 출구도 없고 미로도 아니고, 그냥 희망 고문이나 하는 밀폐된 방처럼 느껴집니다. 답답하고 숨이 막히는데요. 저는 박상순 선생님의 시를 읽으면 전혀 그렇지가 않거든요. 저는 우리가 미로를 무서워하기 때문에 고문실을 만들어내고 있다고 봅니다. 선생님의 시 〈논센소〉는 무의미라는 관념이 선사하는 미로를 남들보다 비교적 무서워하는 것 같지 않습니다. 다시 말하면 무의미는 무서울 수 있지만 그것을 가지고 미로를 구성하는 일을 두려워하고 계시는 것 같지 않습니다. 때문에 시 속에서 유머를 발견할 수 있다고 생각하고요. 어쩌면 유머가 두려움의 또 다른 표현일 수 있겠지만요. 말씀하셨던 것처럼 우리가 여기서 나가야 한다거나, 이 미로가 남들에게 얼마나 세련되게 보였으면 좋겠는지를 괘념치 않으시는 것 같아서 그런 걸까요? 제 경우엔, 선생님의 시에서 위트를 읽을 때마다 동시에 두려움도 느낍니다. 저는 선생님이 다른 사람들보다 무섭습니다.

8) 시를 쓰는 데 있어서 기억이 미치는 영향은 어떤 것이 있을까요?

저도 첫 시집을 기억에 의존해서 썼던 것 같습니다. 그런데 최근엔 지금 나에게 무슨 일이 벌어지고 있는지를 쓰고 있는 것 같습니다.

9) 가장 진실된 감정이라는 것이 있을까요? 있다면 무엇일까요? 또한 그러한 감정은 시적 감정과 어떤 관계를 맺을까요? 승일 씨 일기를 보면서 영감을 얻어서 이 질문을 만들었는데요. 수치심에 대해서 쓴 승일 씨의 글을 읽고 '예전에는 시를 쓸 때 수치심을 느껴야만 그것이 좋은 것이라고 생각했고 그것을 향해 계속 갔었다'라는 과거형의 문장이 있더라고요. 가장 진실된 감정이라는 게 있다면 무엇일까요? 그리고 그 감정은 시적 감정과는 어떤 관계가 있을까요?

제가 어디 학교에 시 창작을 강의하러 가면요, 솔직한 얘기를 쓰라고 하면 아무도 솔직하게 안 쓰거든요. 그래서 부끄러운 얘기를 쓰라고 하면 좀 솔직하게 쓰더라고요. 근데 솔직한 얘기가 무조건 부끄러운 얘기라고 인식하게 되면 부끄러운 얘기만 줄창 쓰다가 애들 멘탈이 파탄 나고 그러더라고요. 그래서 이제 그런 얘기는 하지 않기로 했습니다. 우스꽝스럽지만 그냥 자기 가슴이 뛰는 얘기를 하면 된다고 생각합니다. 동하는 얘기요. 저는 최근에 너무 재밌게 잘 살고 있는데요. 사랑하는 사람을 만나서요. 그럼 지금 기쁜 얘기를 써야 그게 솔직한 얘기인 것 같아요. 많은 사람들이 슬픔을 정동하고, 자기희생을 전시하는 서사를 최고로 치는 것 같은데 그게 맞는 소린지 잘 모르겠어요. 아닌 것 같아요. 기쁘면 기쁘다고 써야 된다고 봐요.

요즘엔 기계의 기억이나 기계의 몸짓을 써보려고 했고 그러면 기계의 기분도 쓸 수 있을까 싶기도 했어요. 사물의 감정은 진실될 수 없을까? 그런 질문들이죠.

대중에게 뭔가를 보여주려고 하면 정말로 뭔가를 보여줘야 한다는 압박감 때문에 계속 흰소리만 하게 되는 것 같아요. 물론 시인으로 데뷔를 했다면 정보를 제대로 전달하는 작가가 되어 대중 독자들이 이해하려고만 하면 이해할 수 있는 시를 쓸 수 있는 깜냥을 발휘해야 한다고 생각하는데요. 그런데 저는 최근 들어 한 사람을 위해 시를 쓰고 있는 것 같아요. 그 애에게 주고 싶다고 생각하면 시가 그 사람

사이에 관계성이 생겨요. 그게 진실된 감정인지는 잘 모르겠지만 관계성 자체는 대중과의 그것보다 훨씬 더 뚜렷하고 진실된 것 같아요.

10) 사물과 인간의 공통점은 무엇이고, 차이점은 무엇일까요?

사물이 나오는 시를 쓰고 있으면 사물은 절대적 타자이고 인간의 허위의식을 고발합니다. 하지만 저는 인간이 더 좋습니다. 인간이 허위의식을 가지고 있기 때문에 인간이 좋습니다. 인간의 허위의식은 언어 때문에 생긴다고 하잖아요. 제가 사물을 통해 인간의 이율배반적인 모습을 드러낼 수 있는 것도 언어가 있기 때문이죠. 그러면 제 시는 일종의 허위의식 덩어립니다. 그러면 허위의식 덩어리가 허위의식 덩어리를 도출하는 것과 같습니다. 이율배반이 이율배반을 도출하는 것과 같습니다. 허위의식들이, 언어들이 그렇게 저들끼리 놀고 있는 모양새가 시라고 생각합니다.

11) 인간을 한 사물에 비유한다면 어떤 사물에 적당할까요?

비유 못 할 거 같아요. 비유할 수 있는 사물이 없는 거 같아요. 저는 비유 원래 안 좋아해요.

12) 20년 전이나 10년 전, 혹은 10년 후가 아니라 '바로 지금' 시를 쓴다는 것은 어떤 것일까요?

저도 어디 가는 거 싫어하고 집에 있는 거 좋아하고 시인들 만나는 거 세상에서 제일 싫고 집에 있었으면 좋겠고요. 솔직히 예전엔 시 없으면 끝인 것 같았는데 요즘엔 시 있어도 왜 사는지 모르겠고 힘들었고요. 사적인 일이 너무 많았어요. 그런데 요즘엔 다시 행복한데요. 저는 슬픔을 세상에 뿌리는 것이 시인의 소명이 아니라고 생각합니다. 저는 기쁨을 뿌리고 싶네요.

2015.05.06.

아 행복이야

네이버에 '독립 출판 서점'이라는 키워드를 넣고 검색해 보세요 많아지고 있어요

1. 왜 불안하지?

누가 나한테 출판 산업에 대해서 묻는다. 독립 출판에 대해서 묻는다. 그러면 나는 화가 난 사람처럼 말하기 시작한다. 주먹을 꽉 쥐고, 휘둘러대면서 뭐가 문제고 어떻게 해야만 할 것인지 설명한다. 왜 그렇게 화를 내면서 말해요? 누가 나한테 그렇게 묻는다면 갑자기 얼굴이 빨개질 것 같다. 내가 하는 말이 너무 보잘것없다는 걸 들킬까 봐 애써 힘을 줘서 말하고 있어요. 어쩌면 내가 거대 출판사들 그러니까 자본 권력에 맞서는 투사가 됐다고 착각하고 있는 지도 몰라요. 작년에 내가 만든 출판사 배드베드북스는 아직 책 한 권도 내지 못했어요. 그리고 이제 나는 곧 군대에 가요. 오늘 나는 이 글을 쓰려고 일전에 기고한 글들, 독립 출판에 관해서 메모했던 것들을 쭉 읽어봤다. 그냥 그것들을 나열해도 원고가 얼추 완성될 것 같았다. 그러나 다시 그 답도 안 나오는 지루한 얘기들로 지면을 낭비하고 싶지는 않았다. 그래서 나는 내 분노를 좀 들여다보기로 했다. 나는 왜 그렇게 화를 낼까. 화를 다 내고 나면 어째서 부끄러워질까. 이 분노

가 좋은 쪽으로 활용될 수 있을까. 그냥 치기에 불과한 것이 아닐까. 알아보려고 한다. 물론 답 없는 얘기들도 다시 꺼내게 될 것이다.

항상 독립 출판이라는 말이 탐탁지 않았다. 작은 출판사라는 말도 별로 좋아하지 않았다. 인디 정신이나 자립정신이라고 불리는 것들이 옛날에 잠깐 불었던 바람 정도로만 치부되는 게 싫었다. 자립, 자립하는데 결국 외부에서 지원금이든 후원금이든 끌어와야 뭘 할 수 있는 거 아니냐고 괜히 트집을 잡기도 했다. 어떤 사람들은 모든 시도들이 다 역사가 되고 아래로부터의 혁명 비슷한 것에 이바지된다고 했다. 그런 말을 하는 사람들은 대부분 비평가였다. 혹은 비평가처럼 굴면서 위태로운 현실을 버티고자 하는 개똥철학자들이었다. 인디 레이블, 독립 출판사, 작은 서점, 홍대 인간들 중에서 말주변이 없거나 뜨지 못했거나 집에 돈이 없는 사람들은 흔적도 없이 사라졌다. 조금만 지나면 또 뭔가가 생겼다. 사람들은 조금씩 현명해졌다. 조금 더 연대하고, 조금 더 똑똑하게 말했다. 반면교사 하자고 했다. 일기장 작업이나 하는 인디 아티스트는 평생 가도 아마추어에서 벗어날 수 없다고 평가하기 시작했다. 나도 뭔가 해보고 싶다는 생각이 들었다. 친구들과 함께 출판사를 차렸다.

작년에 망원에 회사를 차릴 때 작업실 이사를 도와주러

온 사람들이 그랬다. 아, 저기에 무슨 책방도 생긴다던데? 출판사 하면 여기저기에 입고하러 다니겠네요? 그 가게 알아요? 누구 알죠? 그 사람이 가게를 차린다고 해요. 편집숍이요. 와 갑자기 너도나도 뭘 만들고 있네? 많아진다. 많아져요. 그러더니 정말 엄청나게 많은 사람들이 뭘 자꾸 차리기 시작했다. 옛날엔 누가 뭘 차린다면 걱정부터 됐는데 이상하게 걱정이 되지 않았다. 입에 풀칠은 할 수 있을 것처럼 보였기 때문이다. 대부분 어디 잡지에 기고를 하거나, 카페에서 알바를 하고 있거나, 대학원을 다니고 있었다. 아니면 돈이나 친구가 많아 보였다. 큰 욕심 같은 거 안 부리고 오래 오래 하고 싶다고들 했다. 유지만 할 수 있으면 만족이라고들 했다. 지금도 계속 뭐가 생기고 있다. 걱정이 되지 않는다. 망해도 돌아갈 곳이 있는 사람들이다. 망해도 어차피 자취방에다가 출판 등록을 한 사람들이고, 소셜 펀딩으로 돈을 모아서 자본금 없이 시작한 사람들이다. 그런데 왜 이렇게 불안하지? 뭐가 이렇게 불안하단 말인가?

2. 그들이 못 내는 책입니까? 안 내는 책입니까?

인쇄 매체의 발달이 계몽의 정신과 부르주아 계층의 지식을 민중에게 널리 퍼트렸다고들 한다. 엘리트 지식인들의 급진적인 사상이 프랑스 혁명에 이바지했다고 한다. 그러나 프랑스의 아날 학파에 따르면 민중이 실제로 읽은 것은 볼테르의 책이 아니라 야설, 동화, 민담집이었다. 아날 역사가들은 특정 서적의 소유 여부 및 소비 경향을 장르와 주제별, 독자들의 성별, 계층별, 직업별로 분류하고 해석함으로써 특정 서적을 사회적 산물로 파악한다. 서적을 인본주의나 계몽주의 같은 보편적인 인간 정신을 보관, 전승하는 몰역사적 산물이 아니라, 특정 사회와 계층의 성격과 이해관계를 반영하는 거울로 재인식한 것이다. 그러나 여기에도 한계는 있었다. 초기 아날 학파의 작업이 통계에 의존적이었기 때문이다. 아날 학파의 신세대 기수였던 샤르티에는 통계학적 분류에만 근거한 책의 역사 연구가 독자들이 특정 텍스트를 실제로 어떻게 소화하거나 오독했는지를 고려하지 않는다고 봤다. 샤르티에가 무엇보다 주목한 것은 책과 독서의 역사를 통해 엘리트 문화와 민중 문화를 인위적으로 편 가르는 허구적 이분법을 해체할 가능성이다. 샤르티에의 이해에 따르면, 민중 문화라는 용어는 이율배반적이다. 사회 계층에 각기 다른 가치관과 문화 관행이 있다는 가정은 각 개인이 다른 문화적 태도를 취한다는 점을 간과하기 때문이다. 샤르티에는 책이 본질적으로 일종의 모순을 내포한다고 생각한다. 저자와 출판·판매업자 등은 독자가 특정한 책을 애초에 자신들이 의도한 일정한 범주와 한계를 벗어나지 않으면서 읽고 해석하도록 통제한다. 그는 이를 책의 질서라고 부른다. 어떤 책이 어떤 내용을 포함하고 있고, 독자들에게 무슨 영향을 끼쳤는지에 대한 분석도 물론 중요하다. 그러나 샤르티에에게 있어서 더 시급한 것은 독자들이 능동적으로 책의 질서에 균열을 내고, 자신들의 질서를 만들어나갔던 모습을 발굴하는 것이었다.

말이야 멋있고 쉽다. 이제 우리 독립 출판사 창업인들도 책의 질서의 균열을 내야 할 것 같다. 대형 출판사의 경우 시장성이 확보되지 않으면 책을 출판하지 못한다고들 한다. 시장 질서가 책의 질서가 되어버린 것이다. 독립 출판사들은 시장성이 모호한 책을 출판할 수 있다. 낭독회를 열고, 책방에서 음악 공연도 해야 한다. 소통의 장을, 네트워크를 구축해야 한다. 새로운 해석 공동체를 만들어야 한다. 그런데 뭔가 좀 이상하지 않은가? 대형 출판사에서도 시장성이 모호한 책이 출판됐던 것 같은데? 예를 들면 문학동네 시인선은 어떤가? 시집이야말로 시장성이 모호한 책 아닌가? 아, 무슨 아마추어 사진작가들의 사진집 같은 걸 말하는 건가? 디자인 도서를 말하는 건가? 요즘 보면 그런 책들도 큰 출판사에서 많이 나오던데? 많이 팔리기도 했던 것 같은데? 돈이 많으니까 프로모션을 잘 하는 건가? 대형 출판사들도 자사가 보유한 카페에서 인디 밴드 공연 같은 거 하던데. 뭐가 이렇지? 자본은 그렇다. 책의 질서에 균열을 내는 행위마저도 책을 판매하는 데 도움이 되면 수용해버리곤 한다. 자사가 문학 출판사라는 정체성을 보유하기 위해 팔리지 않는 한국문학을 전시용으로 출판하고 있고, 그 정체성이 해외 베스트셀러의 판권을 고가로 구입하여 판매하는 데 명분이 되기도 한다. 그럼 어쩌지? 더 나은 대책을 강구하기 전에 하나만 더 물어보고 싶다. 그런데 왜 자꾸 많아지고 있죠? 독립 출판사에서 출판하고 있는 책들은 대형 출판사에서도 나올 수 있는 책이다. 길에 10달러가 떨어져 있을 때 빌게이츠는 그 돈을 줍지 않는다는 농담이 있다. 어차피 매순간 어디선가 돈이 벌리고 있기 때문에 돈을 줍지 않고 길을 걸어가는 것이 더 효율적이기 때문이다. 대형 출판사는 시장성이 모호하기 때문에 책을 내지 않는 것이 아니다. 당장의 수익이 많지 않으니까 그냥 지나쳐 가는 것일 뿐이다. 그리고 그들이 지나친 책들을 독립 출판사들이 출판하고 있다. 크게 벌리진 않겠지만 그래도 입에 풀칠은 할 수 있다.

이것이 독립 출판사들이 늘어나고 있는 아주 근본적인 이유다. 물론 전망이 밝은 것만은 아니다. 독립 출판사들이 한정된 독자풀 속에서 파이를 나눠 갖고 있기 때문이다. 독자풀이 커지지 않고 출판사들만 계속해서 많아진다면 내 몫의 파이가 작아질 것이기 때문이다. 여기서 우리는 독자풀이 있긴 있다는 사실에 주목해야 한다. 어떤 사람들이 풀을 형성하고 있는가? 독립 서점에 입고된 책들을 살펴보자. 문학 애호가들을 위한 문학 실험, 프로/아마추어들의 작은 시집, 리디자인 된 고전들, 유명한 세계문학 작가들의 안 유명한 책이 있다. 그림책, 타이포그래피 서적도 있고 사진집도 여전히 많다. 디자인 공부하는 친구들이 많이 구입할 것 같다. 여성이 만드는 에로 아트북 『젖은 잡지』는 폐쇄적인 성 문화를 가지고 있는 우리 대한민국의 대형 출판사가 출판할 수 있을 것처럼 보이지 않는다. 만화책도 많다. 최근 유어마인드에서 출판된 만화책 『미지의 세계』에는 19금 딱지가 붙어 있다. 성적인 묘사가 흔한 방식으로 성적이지 않고, 욕설이 공격적이기보다 자학적으로 사용되었다는 출판사의 책 소개와는 다르게 욕설이 공격적으로 사용되기도 하고, 성적인 묘사가 흔한 방식으로 성적이지는 않지만 충분히 노골적이다. 『미지의 세계』도 대형 출판사가 쉽게 소화하기 힘들어 보인다. 그러나 『미지의 세계』는 최근 SNS를 뜨겁게 달구고 있다. 아이돌 그룹 샤이니의 멤버 종현이 즐겨 본다고 한다. 책의 선정성 때문에, 어떤 사람들은 출판사가 다소 위험한 도박을 했다고도 생각할 수 있을 것이다. 물론 나는 전혀 그렇게 생각하지 않는다. 『미지의 세계』는 독립 출판사가 책을 상품으로 인지하고 있다는 훌륭한 예시라고 할 수 있다. 대형 출판사의 경우에도 성공 사례를 받아들여 『미지의 세계』의 작가 이자혜의 작품을 출판하려 들 것이다. 웹툰 시장이 광범위한 독자풀을 보유하고 있기 때문에 가능한 일이다. 작은 출판사에서 나온 책이든 대형 출판사에서 나온 책이든 상관없다. 만화를 보는 사람들은 많고, 출판사의 규모를 가리지 않는다. 그럼 문학 독자들은? 디자인 서적 독자들은? 이 또한 마찬가지다. 독립 출판사와 대형 출판사는 독자층을 상당 부분 공유하고 있으며 그 풀은 정해져 있다. 웹툰 시장의 풀이 넓은 이유는 예나 지금이나 사람들이 만화를 좋아하기 때문이기도 하지만, 웹툰이 포털 사이트를 통해 무료로 배포되었기 때문이기도 하다. 그러나 문학의 경우 그 풀이 더 늘어날 것으로 생각하는 사람은 없다. 독립 출판사들도 그 사실을 이미 충분히 인지하고 있을 것이다. 혹자는 『미지의 세계』와 같은 텍스트가 독립 출판사를 통해 대중성을 확보하는 일이 꼭 필요하다고 생각할지도 모른다. 대중 독자들이 21세기 젊은 세대의 초상이 실제로 어떤 것인지를 인식하게 만들었다고 평가할지도 모른다. 솔직히 이미 그러고들 있는 것 같다. 그러나 샤르티에의 말처럼 어떤 책이 어떤 내용을 포함하고 있고, 독자들에게 무슨 영향을 끼쳤는지 평가하는 일은 책의 질서를 공고히 만든다. 대부분의 독립 출판물은 표사나 해설에 책의 의의를 사회학적으로 조명하는 비평을 수록한다. 문제는 비평가들이 저자의 권위를 더 공고히 하고 이를 통해 시장의 질서를 구축해나가는 데 앞장서기도 한다는 사실이다. 출판사는 스타 비평가를 편집위원이라는 이름으로 고용하고, 책의 질서를 만드는 데에 열중한다. 대형 서점 진열대에 놓인 시집들은 거의 대부분 특정 비평가가 데뷔시키고, 자신의 평론집에서 다루고, 비평가 본인의 이론이나 사상에 이바지할 수 있는 세계를 가지고 있다. 때문에 문학 서적을 소비하는 독자들은 일단 비평가가 고른 시집(한국의 시집은 특이하게도 해설이 꼭 하나씩 달려 있다. 이는 일본, 한국 문학 서적의 특징이다)을 읽게 되며, 창조적으로 오독하거나 행간을 읽고 소통하기보다는 특정 사상가, 학자(라캉, 벤야민, 최근 들어서는 랑시에르, 지젝, 바디우가 무분별하게 인용된다.)와 그들의 이론을 그대로 답습하는 문학 비평가처럼 사고하기 위해 노력한다. 독립 출판사라고 뭐 다를 게 없는 것이다. 그러나 진정 시급한 것은 자신들이 출판한 책이 사회·문화적으로 어떤 가치가 있는지를 친절히 설명하는 일이 아니다. 독자들이 능동적으로 책의 질서에 균열을 내고, 자신들의 질서를 만들어나갔던 모습을 발굴하는 것이다.

3. 그러고 있는데요?

그런데 이미 그러고 있다고 한다. 신생 독립 출판사에서 나오는 문학잡지의 경우 독자들의 글을 투고받는다. 문학과 죄송사라는 일인 출판사에서는 문학과 지성사의 시인선을 패러디하여 시집을 내고 있는데, 프로/아마추어들의 투고를 가리지 않고 받아 『시결림』이라는 원고를 완성했다. 특정 영화를 좋아하는 일반 대중들을 섭외하고 글을 청탁하여 잡지를 발간하는 친구들도 있다. 또한 몇몇 출판사가 시행하고 있는 독자 교정의 경우 독자와 함께 여행을 떠나거나 회사로 초대하여 누구보다 먼저 책을 읽게 하고, 편집자들이 미처 발견하지 못한 오탈자나 어색한 문장을 교정한다. 잘들 하고 있는 것 같다. 그런데 나는 어째서 화가 나는가? 나는 이러한 시도들을 능동적인 것이 아니라 타성적 아마추어리즘에 젖어 있는 것으로 보는가? 이러한 시도들이 쌓이고 쌓이면 어떤 변화가 일어날 것이라고 한다. 그렇다면 나는 인내심이 부족한 것이다. 다른 한편으로 나는 독립 출판계의 최근 시도가 독자를 주체로 하여 책의 질서에 균열을 내고 있는 것이 아니라 균열을 내는 연기를 하고 있는 것처럼 본다. 아마추어들의 작업을 대중이라는 이름으로 이미 출판사 측에서 준비한 장에 초대하는 것만으로는 한계가 있기 때문이다. 출판사가 어떤 특수한 해석 공동체를 만들고자 노력하고, 그 노력의 과정을 자신들의 정체성을 홍보하는 데 사용하면서, 책 속의 콘텐츠는 일정 수준을 넘지 못한다면 그것이 대형 출판사에서 하는 일과 무엇이 다른가? 우리가 해야 할 일은 이미 조성된 해석 공동체를 찾아, 독자적이고 전문적으로 파고들어 전유하는 자들을 찾아 모험을 떠나는 것이다. 구시대의 활자인간상에 현대인을 끼워 맞추려고 할 것이 아니라, 이 시대의 활자인간이 어떻게 놀고 있는지를 먼저 찾아야 할 것이다. 잘 노는 사람들을 찾아야 한다. 초기 선교사들이 인류학 하는 것처럼. 멋대로 평가하지 말고.

내가 아는 황인찬

들어가며

나는 내가 써야 하는 글이 황인찬의 시에 대한 심도 깊은 비평문인 줄 알았다. 그래서 어떻게 똑똑하게 잘 써야 되나 생각하다가 그냥 황인찬이 등장하는 소설을 쓰기로 마음먹었다. 황인찬은 언젠가 내게 소설가가 되려고 대학을 문예창작과로 갔는데 자기가 소설에 재능이 없어서 괴로웠다고 했다. 그러다 이수명 선생님을 만났는데 칭찬도 좀 받고, 꾸준히 계속 써보니까 시 쓰는 일도 나름 재미가 있었다고 한다. 황인찬은 시인이 되기로 했다. 나는 황인찬이 포기한 것을 포기하지 않기로 결심하고 살아가는 사람이다. 그래서 소설을 쓰려고 했다. 그런데 청탁서를 다시 잘 읽어보니 내가 아는 황인찬이나 내가 읽은 황인찬에 대해 써달라네? 생각보다 가벼운 글을 청탁받았구나. 그럼 내가 쓰려던 소설도 가벼운 소설이 되어야겠지. 그런데 어떤 소설이 가벼운 소설이지. 황인찬이 나오는 칙릿이 가벼운 소설일까? 팬픽이 가벼운 소설일까? 아 모르겠다. 그래서 황인찬이 나오는 미니픽션들로 이 원고를 채우려고 한다. 그런데 솔직히 미니픽션이 그냥 A4 2장짜리 엽편 소설을 쓰는 것보다 손이 더 많이 가는 것 같다. 쓸 수 있는 데까지 써보다가 그냥 자유롭게 황인찬 하면 연상되는 것들을 에세이 형식으로 풀어놓겠다. 원래 쓰려던 엽편 소설을 〈원래 쓰려던 소설〉이라는 제목의 미니픽션으로 만들었다. 이어지는 소설의 제목은 〈주일예배〉인데 이것도 미니픽션이다.

원래 쓰려던 소설
이것은 황인찬이라는 이름을 가진 사내의 이야기이고, 그가 어떻게 해서 신을 사랑하게 되었는지에 관한 이야기이다. 황인찬은 목사의 아들로 태어났다. 그래서 신을 사랑하게 되었다. 이거다. 이게 다.

주일예배
신이 아브라함에게 아들을 죽이라고 했다. 아브라함이 신을 사랑해서 기꺼이 아들을 죽이려고 했다. 왜 혼나고 있는 것 같지? 예배 시간이면 눈이 감겼다. 사랑해도 혼나지 않는 꿈이었다. 눈을 뜨면 아버지가 있었다.

황인찬과 나
황인찬이 자기가 완성한 시를 메일로 보냈으니 읽어보

라고 했다. 파일을 열었더니 7페이지나 되어서 놀랐다. 다시 보니까 6페이지는 쓰다가 버린 행이나 연이었다. 이것들도 읽어야 되나? 아직도 퇴고를 이렇게나 열심히 하는군. 썼던 것을 버리지 못하는군. 와 굉장히 열심히 썼구나. 힘들었겠다. 슬프다. 그리고 이 멍청한 문장들도 아주 잘 지웠구나. 이것들을 왜 지웠는지 너무 잘 알겠네. 그런 생각들을 했다. 2013년이었다. 나는 8개월 동안 청탁을 받지 않았다. 슬럼프였다. 그러다 황인찬이 보낸 시를 읽고, 걔가 버린 문장들을 주워서 시를 쓰기 시작했다. 다르게 말하면 황인찬이 시에 넣기를 포기한 것들, 정확하게 말하면 포기는 했지만 버릴 수가 없어서 미처 지우지 않은 것들, 더 정확하게 말하면 아직 탈고했다고 생각하지 않아서 혹시나 나중에 길어 올릴 수 있지 않을까 싶어 남겨둔 것들을 읽었다. 그때부터였던 것 같다. 나는 다시 시를 썼다.

요즘엔 황인찬이 시만 보낸다. 남겨둔 것들은 보내지 않는다. 이건 순전히 내 판단이지만 황인찬은 최근에도 남겨두면서 시를 쓰는 것 같다. 나는 스크롤을 내려본다. 이 너머에 남겨둔 것이 있는 것 같다. 무엇이 있을까? 바로 그 너머를 말하지 않음으로 해서 황인찬의 시는 황인찬의 시가 된다. 이걸 안 지우면 혼이 날 거야. 이걸 안 지우면 내가 누굴 정말로 사랑하는 줄 알 거야. 내가 사랑이라는 걸 할 줄 아는 사람이라고 생각할 거야. 내가 신을 사랑하는 줄 알 거야. 나는 완성된 시의 저편에 있는 황인찬을 상상한다. 남겨둔 것들 말이다. 그러나 황인찬이 지워버린 것들을 따라가면 내가 종종 통화하고, 만나고, 내게 냉면을 사주기로 한 황인찬이 거기에 없다. 오직 황인찬의 시만이 내가 만났던 황인찬 같다. 황인찬은 신을 사랑하지 않는 것처럼 보이며, 누굴 사랑하는 일을 무서워한다. 사람들이 애인이나 배우자에게 사랑이라는 단어를 꺼내 보인다. 나는 너와 있을 때 어쩐지 흥분이 되고 웃음이 나오면서 기분이 좋다. 사랑한다고 말한다. 하지만 황인찬은 사랑이라는 단어를 사용하지 않는다. 그가 사랑이라는 단어를 사용할 때면 나는 사랑이 아니라 낭만을 느낀다. 내 생각에 황인찬은 머리가 좋아서 사랑을 못 하는 것 같다. 더 정확하게 말해보자. 황인찬은 인간이라는 종으로 태어났기 때문에 상상할 수 없다. 무엇을? 자신이 무언가를 정말로 사랑하고 있는 모습을. 그래서 나는 기계가 나오는 시를 썼다.

저번에 어떤 인터뷰에서 자신의 시에 대한 피드백 중 가장 기억에 남는 한마디를 꼽아달라는 질문을 받았다. 나는 이렇게 답했다. "사람들이 제 첫 시집이 지면에 시를 발표했을 때보다 지루하고 임팩트가 약하다고 했습니다. 옆에서 듣고 있던 황인찬 시인이 본인 생각에도 다소 그렇긴 하지만 자기는 김승일 시를 보면 당할 수가 없다는 생각이 든다고 했습니다. 당할 수가 없다는 표현은 대단한 시를 쓰고, 좋은 시를 쓴다는 것을 의미하는 말이 아니었습니다. 당할 수가 없다는 말은 고집 센 할머니나 어린아이를 연상시킵니다. 하지만 할머니와 어린아이는 어찌어찌 감당할 수 있는 사람들입니다. 그렇다면 황인찬은 어째서 나를 당할 수 없는 사람이라고 말하고, 나는 거기에 고개를 끄덕였을까? 지난 몇 년 동안 저는 바로 그 질문에 답하기 위해 시를 썼습니다." 재작년 말부터 올해 초까지다. 나는 정말로 황인찬을 위해서 시를 썼다. 황인찬만 읽으면 되는 시였다. 나는 기계에 관한 시를 썼다.

나는 내 시에서 기계에게 명령한다. 누군가를 소중히 생각하도록 해. 오로지 그만을 위해서 살아가도록 해. 입력한다. 기계가 소중하게 생각하는 사람은 사람이기 때문에 죽음을 맞는다. 그러면 이제 기계는 지옥을 경험한다. 소중한 것을 영원히 잃었기 때문이다. 황인찬하고 네 번째 만났던 날인 것 같다. 얘가 나보고 테드 창의 소설 「지옥은 신의 부재」를 읽어봤냐고 했다. 거기에 신을 사랑하게 된 남자가 나온다. 그가 지옥에 간다. 지옥엔 신이 없다. 그가 사랑하는 것이 거기에 없다. 고통이다. 굳이 이 소설을 인용하지 않더라도 설명할 수 있을 것 같다. 내가 보기에 신을 사랑하는 일은 인간이 할 수 없는 일이다. 신이 어떤 히스테리를 부려도, 그러니까 인간이 이해할 수 없는 논리를 펼쳐도 그걸 다 받아들여야 하니까. 그러나 기계에게 신을 사랑하라고 하면 기계는 신을 사랑할 것이다. 기계는 지옥에서도 신을 사랑할 것이다. 여기에 그가 없다는 것에 분노하지도 않을 것이다. 이것이 절대적 사랑인 것 같다. 아, 그런데 기계에게 입력한 키워드는 사랑이 아니었지? 그렇다면 기계가 신을 소중하게 생각한다고 써야 한다. 지옥에 떨어진 기계에게 괴로움이라고 불리는 인간의 감정 비슷한 것이 생길 것이다. 거기에 신이 없기 때문이다. 그러나 기계는 신에게 분노하지 않을 것이다. 신은 소중하니까. 이렇게 연출된 극적 상황 속에서 나타났다 사라지는 수많은 정동들을 나는 사랑이라고 보고 그래서 기계가 인간보다 사랑이라는 것을 수행하기에 적합하다고 판단했다. 그리고 황인찬은 너무나도 똑똑해서 자기가 기계가 아니라는 사실을 잘 알고 있다. 나는 멍청이다. 나는 종종 나 자신을 기계라고 착각하기 때문이다. 황인찬은 내가 사랑이라는 단어를 남발하는 멍청이라는 것을 알고 있다. 물론 나도 가끔 똑똑해진다. 그러면 나는 내가 인간이라는 것을 안다. 인간인 것이 너무 괴롭다고 토로하기 시작한다. 자고 일어나면 왠지 다시 내가 기계인 것 같다. 이 멍청하고 지난한 과정을 지켜보면서 똑똑한 황인찬은 내게 이렇게 말한다. 당할 수가 없다. 나는 이렇게 말한다. 내가 얼마나 멍청해질 수 있는지 보여주고 싶다.

  그러나 말뿐이다. 내가 황인찬을 사랑한다면, 어쩌면 내가 황인찬을 연인으로서 사랑한다면 그거야말로 내가 얼마나 멍청해질 수 있는지 보여줄 수 있는 가장 좋은 예시가 될 것이다. 만약 황인찬이 나에게 호감을 느껴서 나와 연인 관계가 된다고 하더라도 결국 황인찬은 나와 결혼하지 않고 나를 차버릴 것이다. 왜냐하면 황인찬은 똑똑한 사람이기 때문이다. 황인찬은 사랑이 무엇을 낳고, 어떻게 해야 그것을 시작할 수 있는지 안다. 사랑을 하기 위해서는 그것의 정체가 무엇이든 무엇을 하든 받아들여야 한다. 그러나 그건 불가능하다. 나는 그래서 종종 사랑이 폭력이라고 말하고 다닌다. 데리다 벤야민 같은 사람들이 한 말인 것 같다. 인간은 특정 대상을 소유하고 계속 좋아하기 위해서 자신의 입맛에 맞게 그것을 해석한다. 해체한다. 자신이 파괴하여 얻은 조각들로 자신과 닮은 무언가를, 자신을 사랑할 무언가를 창조한다. 기계를 만든다. 동일시한다. 때문에 우리는 종종 자신이 그토록 동일시했던 누군가에게서 절대적 타자성을 맞닥뜨릴 때, 지금 우리가 존재하고 있는 바로 이곳이 지옥이라고 선언한다. 어떤 학자들은 대상을 파괴하고 대상의 타자성을 인정하고 다시 파괴하고 인정하면서 우리가 뭔가를 더 배우고, 더 나은 인간이 될 수 있다고 보는 것 같다. 나는 잘 모르겠다. 나는 황인찬이 나보다 더 나은 인간처럼 보인다. 황인찬이 처음 내게 「레코더」라는 시를 보여줬을 때. 교탁 위에 놓여 있는 그 아이의 리코더를 불지 않았다고 고백하는 화자와 처음 맞닥뜨렸을 때. 아무도 보고 있지 않는데도 그랬다고 화자가 진술할 때. 황인찬이 그럴 때. 나는 그 시가 별로라고 했다. 나는 얘가 왜 이러는지 알 수가 없었다. 나는 관조가 싫었다. 나는 그 어떠한 관조도 싫었다. 비겁한 것 같다고 생각했다. 나는 언제나 황인찬에게 몇 행을 더 쓰면 좋겠다고 얘기했다. 뭔가 더 능동적인 게 있으면 좋겠다고 했다. 하지만 황인찬의 첫 시집 제목은 『구관조 씻기기』였다. 관조 싫은데. 어쨌든 그 시집을 읽었다. 「레코더」가 다르게 보였다. 나는 내가 황인찬을 어떻게 할 수 없다는 사실을 깨달았다. 가서 불라고 그 레코더 빨리 불라고 보챌 수가 없다는 것을 깨달았다. 나는 황인찬이 내가 아니라는 사실을 깨달았다. 나는 황인찬이 왜 행동하지 않는지를 조금 알 것 같았다. 어디에 시 창작을 가르치러 가서 사람들에게 「레코더」를 읽어줬다. 나는 내가 너무 불쌍한 사람인데. 얘도 만만치 않은 것 같았다. 그때부터 나는 황인찬을 사랑했던 것 같다. 불쌍한 사랑 기계로서. 자기가 절대 이해할 수 없는 무언가를 만나고 나서. 이해하지 말아야지 종종 결심하면서. 나는 이제 황인찬이 시를 보여주면 이렇게 말한다.

"잘했어, 다음이 궁금하다."

다음에는 뭐라도 좀 더 하라는 말이면서, 너한테는 다음에 뭘 하라는 말을 못 하겠다는 말이면서, 내가 너의 연인이 되면 너는 나를 분명히 차버릴 것이기 때문에 나는 너를 사랑하지 않겠다는 선언이다. 그리고 솔직히 시가 좋다. 황인찬 시 말고는 재미가 없다. 황인찬 시를 읽으면 항상 다음에 쓸 시가 궁금하니까. 나는 황인찬이 쓴 「종로일가」부터 「종로오가」까지의 연작을 「종로육가」라는 제목의 시로 재구성한 적이 있다. 황인찬 시에는 항상 뭘 하려다가 못 했다는 얘기가 수도 없이 나온다. 나는 그 시들에서 실패한 것들을 다 성공으로 바꿔놓으려고 했다. 그런데 그게 잘 되지 않았다. 내가 쓰고 싶은 시가 아니었다. 그래서 나는 제3의 인물인 김승일을 투입했다. 김승일은 상황을 제 마음대로 바꿔놓거나, 바꿀 수 없어서 슬퍼했다.

나오며
최근 황인찬은 시에서 지금 이 글이 시라는 것을 자주 환기시킨다. "이 시는 이렇게 끝납니다" 뭐 이런 문장들을 종종 볼 수 있다. 과거에 쓴 시들을 읽고 있으면 내가 군대 가기 전에 냉면을 사준다고 약속한 황인찬이 등장한다. 관조하기 위해 포장하고, 스스로를 비겁하다고 생각해서 괴로워하면서도 지가 태어나길 이렇게 태어났는데 뭐 어떻게 하겠냐고 차분하게 털어놓는 황인찬이 있었다. 그러나 황인찬의 근작에는 관조를 관조하는 문장들이 나온다. 메타를 통해서다. 과거의 황인찬은 죽음을 두려워한다. 지금의 황인찬도 두려워한다. 과거의 황인찬은 죽음을 두려워하기 때문에 그 무엇도 사랑하지 못한다. 지금의 황인찬은 죽음을 두려워하고 사랑도 하지 못한다. 도대체 어떻게 그런 것이 가능하냐고, 너무 무섭다고 그런다. 모르겠으면 말을 말겠다고 한다. 그러나 그는 자신이 시를 쓰고 있다는 사실을 알고 있다. 시는 우리가 죽을 것이며, 황인찬이 죽음을 두려워하고, 사랑도 하지 못한다는 것을 알고 있다. 그리고 황인찬은 시가 알고 있다는 것을 알고 있다. 메타는 우리가 상황을 제대로 알고 있다고 착각하게 만든다. 메타 속에서 어떤 시인들은 곧 상황이 더 나아질 거라고 생각한다. 황인찬은 그렇게 생각하지 않는다. 메타 속에서 황인찬은 메타가, 시라는 텍스트가 결국 죽음만을 다시 환기시킬 뿐이라는 것을 안다. 상황을 제대로 아는 것이 아니다. 만드는 것도 아니다. 메타는, 시는, 언어는 상황을 자폐적으로 만드는 것이다. 인간은 언어를 벗어나서는 살 수 없다. 어떤 사람은 시가 언어를 벗어나는 용도로 사용될 수 있다고 믿을 것이다. 그러나 나는 황인찬의 시가 그런 용도로 쓰이고 있다고 생각하지 않는다. 황인찬은 싸이월드 미니홈피에 마지막으로 남긴 일기에 "망하면 망하는 것이고, 끝나면 끝나는 것이다"라고 썼다. 기독교의 신앙생활은 망하더라도 신을 사랑하겠다는 의지로 가득하다. 황인찬의 시는 시를 죽이겠다는 의지로 가득하다. 황인찬의 시에는 "이 시는 여기서 끝난다", "이 시에는 그것이 없다", "이 시", "시"가 계속 등장한다. 시는 시가 무엇을 아는지 말한다. 안다고 말하는 순간 우리가 아는 것은 그것뿐이다. 시는 우리가 죽는다는 것을 알지만 죽음이 무엇인지는 모른다. 시는 자신이 아는 것과 자신이 모르는 것을 간직한 채로 황인찬의 손안에서 떨며 죽는다. 시를 죽이고, 또 죽이면서 황인찬은 연습하고 있는 것 같다. 나는 이게 사랑 연습인 것 같다. 누가 황인찬 시가 어떠냐고 물어보면 나는 이렇게 말할 것 같다. 시를 죽인다. 어쨌든 황인찬도 언젠가 죽을 것이고 마침내(처음부터 그랬던 것처럼) 신을 사랑하게 될지도 모른다. 죽으면 신을 볼지도 모른다. 신을 실제로 보면 어떻게 신을 사랑하지 않을 수 있겠는가? 황인찬아 봐라 내가 소설을 썼다.

ㅈㅅ

    나는 지난 학기까지 대학원신문에서 일을 했다. 무기력한 시절이었다. 학내 이슈를 다뤘던 기사들은 항상 다음과 같은 결론으로 끝났다. "학내 구성원들과 진정으로 소통하길 바란다." 그러나 아무것도 바뀌지 않았다. 이번 학기 신문을 읽으면서도 마찬가지였다. 내가 느꼈던 무기력함을 현 편집위원들도 느끼고 있는 것 같다. 바로 그 점이 흥미로웠다. 남들이 괴로워하고 있으니까 그걸 보는 재미가 쏠쏠했다. 318호 논평 〈인문학, 문사철도 자기경영학도 아닌〉에 보면 "대학은 평등한 구성원들 간의 학문공동체"라는 바로 그 문장에 책임을 지라고, 교수에게, 그리고 나 자신에게 끊임없이 강제해야 한다"는 문장이 있었다. 편집장 역시 매호 사설에서 남이 대신 해줄 거라고 생각하지 말고, 뭔가 대단히 많은 것이 바뀔 거라고 생각하지 말고, "당신에게 남은 것"이 정치라는 사실만 잊지 말라고 강조하고 있었다. 그러니까 핵심은 자기 자신을 좀 괴롭히라는 얘기였다. 검열 탓으로 〈무구유언〉 코너에 원고가 실리지 못했을 때, 편집위원이 해당 원우에게 직접 사과문을 작성해 지면을 채운 것을 보고 웃음이 나왔다. 분량의 한계로 늘 겉핥기 기사밖에 작성하지 못했던 1면을 2면의 〈더 보기〉에서 보강한 것도 훌륭한 결정이었다. 내가 편집위원이었을 때 가장 작성하기 쉬웠던 코너는 〈학술취재〉였다. 교내 특강을 듣고 녹취만 풀면 됐다. 원고 매수도 그렇지 많지 않았다. 그런데 이번 학기에는 이게 꽤 길어져서 거의 기획 기사 수준이었다. 사서 고생을 하는구나 싶었다. 〈원우논문〉의 경우 논문을 쓴 저자가 직접 본인의 추후 과제를 고찰하는 코너를 추가한 것이 현명한 선택으로 보였다. 공부 열심히 하는 사람들 고민을 읽으니까 힘이 났다.

〈글로 배우는 농사〉 코너에서도 농부님들의 무력감을 읽을 수 있었다. 이 코너를 기획한 김재연 씨는 자기가 비겁하다고 생각해서 어쩔 줄 모르는 사람인 것 같다. 어느 기사를 쓰든 부끄럽다는 말만 계속 한다. 무력감 때문에 수치심을 느끼고, 고작 반성밖에 할 줄 모르는 자기 자신이 비겁하게 느껴지고, 다시 무력감을 느끼는 수순을 밟고 있었다. 보고 있으면 너무 슬프다. 그래도 괴로워하는 사람이 있긴 있으니까 안심해야 할까? 이렇게 발버둥을 쳐도 바뀌는 것이 없으니까 괴로워해야 할까?

대학원신문은 발버둥을 친다. 뭐라도 더 해보려고 매학기 디테일을 보강한다. 이런 칭찬은 해봐야 도움이 안 된다.

더 많은 전공의 원우들의 다양한 글을 실어야 한다는 충고는 매호 신문평가에서 볼 수 있는 것인데, 어떻게 그렇게 할 수 있을 것인지 생각해주지 않을 거라면 그런 충고도 솔직히 좀 그만했으면 좋겠다. 아, 그런데 갑자기 좋은 아이디어 하나가 생겼다. 학생들 좀 괴롭히면 안 되나? 한 줄씩이라도 좋으니까 교내 이슈 들여다보고, 괴로워하고 부끄러워하면 좋겠다. 그리고 그걸 보면서 다들 웃으면 좋겠다. 아 너네도 다 엄청 괴로워하는구나. 선진화고 뭐고 나한테는 별로 혜택도 없구나. 내가 졸업하면 그걸로 학교 올 일도 별로 없구나. 그걸 좀 뼈저리게 느낄 수 있도록 〈한 줄씩〉이라는 지면을 만들어보면 어떨까? 원고도 문자로 받으면 될 것 같다. 확인할 때가 된 것 같다. 확인시킬 때가 된 것 같다. 우리들이 얼마나 무기력한가? 부끄러운가? 부끄러워하는 사람들은 그래도 뭐가 제일 중요했어야만 했는지 잊지 않는 사람들이다. 애도하는 사람들이다.

오래된 물건

1. RISK - 스무 살에 인도에서 산 전쟁 보드게임이다. 인도에서 산 것 중에 두 번째로 비싼 물건이다. 가장 비쌌던 것은 레스토랑식 피자헛. 나는 아그라의 피자헛에서 RISK를 했다.

2. 고양이 지갑 - 동전 저금통으로 쓰고 있다. 나는 항상 이 지갑을 개구리 지갑이라고 부른다. 이건 사실 내 물건이 아니고 내 아내 물건이다. 아주 오래전에 자기 동생에게 선물로 주려고 샀는데 동생하고 싸워서 선물로 안 주기로 했단다. 이 지갑을 열면 부자가 된 것 같다.

3. 황금가지 - 나한테는 노예들이 있었다. 노예들이 이곳저곳에서 나뭇가지를 주워 왔다. 화장실에서 박박 씻고 며칠 바짝 말린 다음 칠을 했다. 노예들이 마법진을 그리고 마법의 물약을 팔았다. 핼러윈이었다.

4. 교정용 고무줄 - 스물셋에 치아 교정을 시작했다. 이제

스물아홉인데 아직도 안 끝났다. 고무줄을 수시로 걸어야 하는데 걸지 않았기 때문이다. 이게 스물셋에 처음 받은 고무줄이다. 교정용 고무줄은 항상 봉투 디자인이 예쁘더라.

5. LIFE 노트 - 처음으로 첫 페이지부터 마지막 페이지까지 필기를 한 노트다. 드문 일이다. 꽤 오래됐는데도 종이 색이 전혀 변하지 않았다.

6. 반투명 돌멩이 - 그랜드 힐튼 호텔에서 잠을 잤는데 옆에 컨벤션 센터가 있었다. 밤중에 거길 산책하고 있었는데 산책이 모험이 되고 옥상까지 가게 됐는데 거기 돌이 엄청나게 많았다. 그래서 주워 왔다.

7. 오로라 만년필 - 오로라 만년필이다. 첫 월급을 받고 나서 샀다.

8. 워터맨 만년필 - 엄마 친구가 엄마 생일 선물로 줬는데 5년이 지나도 엄마는 사용하지 않았다. 그래서 내가 훔쳤다. 한 3년 썼던 것 같다. 술집에서 잃어버렸다. 그래서 새로 샀다. 죄송해요 엄마.

9. 안경닦이 - 교보문고 갔다가 계산대에서 팔고 있길래 샀다. 많은 친구들이 이 안경닦이를 좋아한다. 맨날 그것 좀 줘봐, 그것 좀 줘봐 한다.

10. 프랑스 화가 열쇠고리 - 프랑스 갔다가 온 친구가 사줬다. 고장 나서 열쇠고리로 쓸 수 없게 됐다. 불쌍하다.

11. 산타 스노우볼 - 친구들이 이것으로 저글링을 자꾸 했다. 그래서 물속에 공기가 찼다. 불쌍하다.

12. 배드민턴 고무 - 배드민턴 채 손잡이 부분을 감싸는 고무다. 배드민턴 채를 샀는데 배드민턴을 하지 않아서 책상 위에 얘만 둔 지 너무 오래됐다.

13. 병따개 - 집에 와보니 주머니에 들어 있었다.

14. i-grado - 넥밴드형 헤드폰이다. 릴리슈슈의 모든 것이라는 영화에서 주인공이 넥밴드형 헤드폰을 하고 돌아다녔다. 나한테도 똑같은 헤드폰이 있었는데 중학생 때 수학여행 갔다가 친구가 밟아서 부숴버렸다. 그래서 이걸 샀다. 오래 쓰고 있으면 귀가 아프다. 귀에 클립을 꽂아야 하기 때

문이다. 나는 그 아픔이 좋다.

15. 인형 - 항상 방문 앞에 걸어놓는 인형이다.

2015.06.08.

_head.php

_tail.php

첫 상봉

 아직 아무것도 정해지지는 않았지만 그만하는 것을 검토하고 있습니다 육성으로 들었으면
 울었을 것이다

 한 집안에 종교가 둘이면 분란이 일어난다고 아버지가 화를 냈다 할머니가 아버지를 달랬다 걱정 마라 불교로 돌아올 거다 도시에서 할머니가 돌아가셨다
 김 바우돌리노가 한 번 갔던 도시였다 운명이었다

불교 책에서 이야기를 읽은 후로다

돌리노는 이틀에 한 번 다른 도시로 떠나는데 한 번 갔던 도시는 다시 가지 않는다 그래야 한다 도시에 도착하면 달라이 라마가 떠나 있다 강연을 하러 왔다가 어제 떠났다고 한다 그렇게 된다

 스승이 두 제자에게 통나무를 반으로 자르라고 했다고 통나무가 사라질 때까지 그러라고 했다고 반으로 자르면 반이

계속 남았다고 천년 후에 그가 와서 어떤 말을 했다고 그걸 듣고 그들이 깨달았다는 이 얘기가 정말 있는 이야기냐고 그 스승이 부처냐고 어떤 말을 했느냐고 끝에 정말 깨달았냐고 기억이 안 나 평생 동안 시달렸다고 만나서 물어봐야지 정말 있는 이야기냐고

도시가 하나만 남아서 거기에 갔다

중국인들이 꽃을 뿌려대며 걷고 있었다 돌리노는 행인들에게 그가 어제 떠났냐고 물어보았다 그가 떠난 지 오래됐다는 사람과 그가 다시 왔다는 사람이 있었다 행진을 따라 궁으로 들어가자 당에서 임명한 판첸 라마가 공인한 달라이 라마가 있었다 어린 애가 연단 위에서 얼굴을 찌푸렸다 사람들이 많았다 환생이야 꽃 뿌리는 사람들과 환생하지 않겠다고 하셨잖아요 사람들과 환생하지 않을 거라고 하셨어 사람들과 저주를 퍼붓는 사람들로 보였다 그러나 그는 티베트 말을 몰랐다 그는 불교를 믿기로 했다 그는 기뻤다

문장님께

안녕하세요 저는 김승일 시인의 아내입니다.
정말입니다.
김승일 시인이 이번에 청탁받은 원고를 도저히 마감할 형편이 되지 않아
제가 대신 연락드립니다.

이미 알고 계시겠지만 김승일 시인이 15일에 군대를 갑니다.
입대를 앞두고 마음이 어수선한지
원고를 쓰지 못하고 괴로워하고 있네요.
주중에 강의가 있는 데다, 입대 전 사업자도 정리해야 하고,
밤새워 청탁 원고까지 걱정하다 보니
평소보다 무리를 했는지
며칠째 고열에 시달리며 고생 중입니다.
얼마간이라도 편히 쉬다 가면 좋을 텐데
입대 사흘 전까지 강의를 나갑니다.

제가 그 꼴을 보다 못해
결례인 줄 알면서도 이렇게 송구스러운 말씀을 드리게 됐습니다.
시인 본인도 많이 기대하던 지면이라
아쉽고 죄송하게 생각합니다만,
결혼한 지 3개월 만에 남편을 군대에 보내는
아내 심정을 헤아리시고
부디 양해를 부탁드립니다.

감사합니다.

2015.06.17.

군대로 들어와서 처음엔 메르스 검진을 받았다. 불침번 때에 여러 가지 생각을 했다.

2015.06.17. 3:35

하늬야 첫날에 너무 잠이 안 오고 괜히 계속 눈물이 나오려고 했어. 오기 전에는 이렇게까지 시간이 천천히 갈 줄을 몰랐는데 하루가 일주일처럼 길었다. 밖에서는 너랑 살아서 시간이 빨랐던 거였어. 그걸 몰랐어. 밤에 잠이 안 와서 괴로우면 불침번을 서고 오면 되더라. 갑자기 깨워서 놀랐는데 한 시간 서 있다가 오니까 잠이 잘 왔어. 주머니에 펜이 하나 들어 있어서 손바닥에다 너한테 줄 편지를 쓰려고 했어. 그러다가 너가 손바닥에 메모하는 버릇이 생각나서 갑자기 아무것도 못 쓰겠더라. 요즘엔 배식 당번에 돼서 배식을 하고 있어. 그런데 모든 훈련병들이 하는 건 아니고. 소수가 뽑혀서 하는데 굉장히 힘들어. 세척기에서 식판을 천 번 뽑는 일이야. 그래도 전화를 한 번 할 수 있대서 하겠다고 했어. 빨리 통화할 수 있으면 좋겠다.+

몸에 빨간 점이 계속 난다. 군대 오기 전부터 계속 났다. 버찌종인가 뭔가다. 인터넷이 없어서 정확한 이름을 확인할 수가 없다. 모든 것이 불명확한 기분이다. 시계도 나를 속이고 있는 것 같다. 어쨌든 빨간 작은 점들이 몸을 뒤덮을 것 같아서 무섭다. 내 피부가 너무 하얀 이유가 어쩌면 햇빛을 안 맞아서일지도 모르겠다고 생각했다. 빨간 버찌 뭐가 생기는 이유도 그거면 좋겠다. 이제 햇빛을 많이 받을 테니까 걱정이 없다? 아니지. 햇빛 받으면 더 생겨서 피부암 되는 거 아닌가? 피부암 되면 집에 가나. 집에 가면 피부암이 낫나. 나으면 피부가 지금처럼 예쁘게 돌아오나. 글쎄.

신기하다. 글을 쓰고 있으니까 계속 많이 써서 책 나올 수 있을 것 같다. 쓰고 있을 때는 여기서 도대체 뭘 할 수 있는지 잘 모르겠다. 할 수 있는 게 없어서 작가 한다는 말 들으면 싫었는데, 할 수 있는 게 없으니까 나도 어떻게 해야 할지 모르겠네. 이거 다 책에 실을 수는 없겠다. 글을 개판으로 쓰고 있네.

635일 남았다고 한다.

25▮▮▮ 총 번호다.

밀란 쿤데라가 쓴 무의미의 축제를 읽고 있다. 꽤나 재미있다. 공원의 석상(천재들의)에 관심을 두지 않고 걸어가는 행인들을 보면서 천재(석상)들이 자유로울 것이기 때문에 기분이 좋아진 라몽에 대해 쓰고 있다. 정말 좋은 장면이었다. 쿤데라가 최원석에게 제일 잘 맞는 소설가가 아닌가 생각했다.

2015.06.21.

　글을 쓸 시간도 정신도 없다. 매순간 김하늬를 생각하게 되는데 그것 말고는 하고 싶어서 하는 일이 없다. 그래도 이러면 안 된다는 생각에 뭘 쓸 수 있을지, 쓰고 싶은지 생각해보려고 했다. 배식 관리를 한다고 서 있었다. 마녀의 딸 생각을 했다. 여름에 무대를 어떻게 꾸밀 것인지 생각했다. 아니지 관객석에 에어컨을 틀어놓는 상상을 했던 것을 기억해냈다. 아니지. 떠올렸다. 아니지. 마녀의 딸을 연출하면 어떻게 할지 생각했다. 122번 강지원 훈련병은 동기인데 나더러 자기 얘기를 잘 써달라고 해서 내가 지금 여기에 잘 써주고 있다. 착하고 가톨릭 성당도 같이 갔는데 예수 애니메이션이 재미가 없다고 했다. 나는 무척 재밌었는데 유다가 예수를 혁명가라고 생각했는데 종교인이라서 실망하는 모습을 보여줬다. 그게 참 재밌었다. 군대에서 처음 본 영화가 역사적 예수에 대한 심도 깊은 해석으로 가득한 애니메이션이라서 좋았다. 아니지. 이상했다. 뭐 이런 것을 틀어주나 싶었다. 고해성사를 보고 성체를 모시려고 했는데 메르스 때문에 보좌 신부가 출근할 수 없어서 7월까지 고해성사를 볼 수 없을 거라고 했다. 군종병이 그랬다.

이제 글을 정말로 많이 쓸 생각이다. 그런데 여기 정말 사람도 너무 많고 펜으로 쓰느라 수정도 안 되고 찍찍 긋고 다시 쓰는 것도 싫어서 일기도 제대로 못 쓰겠다. 딴 것보다 힘든 것은 시간이 없다는 거다. 이 닭을 시간도 제대로 없다. 제대로를 쓰니까 제대가 생각난다.

어쨌든 나는 군대에서 시 같은 시를 쓸 수 없을 거라는 걸 예감했다. 때문에 여기서는 앞으로 쓸 글을 계획하거나 연출할 연극이나 세계에 대한 코멘트 혹은 시놉시스만 쓸 것이다. 그리고 그걸 그냥 책으로 엮을 것이다. 1월의 책이 될 것이다.

처음은 아까 썼듯이 마녀의 딸이다. 각 제목은 「○○○의 ○○○」로 하기로 했다. 나는 앞으로 내가 군대에서 쓸 글의 제목을 다 「~の~」로 할 것이다. 하야오를 계승하는 것이다.

씻으러 오라고 한다. 「마녀의 딸 아르마」 아르마는 이상하다. 더 좋은 제목이 있을 것이다. 알마. 나타샤.

나는 어제 사람들에게 쪽지를 썼다. 하늬에게는 긴 편지를 썼다. 하지만 하늬에게 쓰던 편지는 찢어버렸다. 나는 복도를 걷고 있었다. 하늬가 웃는 모습을 떠올렸다. 두 팔을 쭉 뻗어 나를 기다리는 것도 보려고 했다. 나는 편지를 소포에 넣어 보낼 것이다. 그래도 되는 편지인가? 내 마음에 드는가? 내 마음에 들고 말고는 아무 상관없다. 상관없이. 내 말이 다 거짓말처럼 보였다. 그건 내 말이 정말로 거짓말이었기 때문이 아니었다. 나는 내가 어떻게 하늬에게 결혼하자고 할 수 있었는지를 깨달았다.

하늬가 쓴 당신 인생 이야기를 읽으면 잠을 잘 수가 없었다. 누구도 나를 이렇게 사랑할 수 없다는 것을 알았다. 그리고 나도 그렇게 됐다. 만약 내가 하늬에게 편지를 쓸 수 있다면 그것은 하늬에게 주려고 쓴 글이 아니라 쉬는 시간에 회사에서 나와 담배를 피우면서 블랙베리로 쓸 수 있는 말을 쓰는 사람처럼 쓴 글이어야 할 것이다. 나는 편지 대신 일기만 쓰겠다. 너에게는 그렇게 하겠다.

이렇게 사랑스러울 수가. 나는 김하늬를 보면서 늘 그렇게 생각했다. 이렇게 사랑스러울 수가.

2015.06.22.

오늘은 내 생일이다. 생일이면 시를 쓰는데 여기서는 쓸 시간이 없다. 내가 자꾸 뭘 쓰니까 여기 애들이 자기들 얘기가 책으로 출판되는 거냐고 물었다. 그럴 수도 있다고 했더니 '클라스 쩌네요'라고 했다. 꿈에서는 이틀 연속으로 내 아내가 나왔고. 오늘은 같이 북극에 있었다. 백야였다. 오늘은 잠을 영 자지 못했다. 오늘은, 오늘은, 오늘은 8일째다. 4일 있으면 군 생활 2%를 한 셈이다. 여긴 지금 메르스 때문에 하루 종일 마스크를 끼고 살아야 되는데 도저히 못 끼고 있겠다. 최원석 같은 사람은 좋겠다. 칭찬받겠다. 잘 때도 마스크를 끼고 자면 칭찬받는다.

내가 처음 연출한 것은 아버지인가 할머니의 생일상이었다. 스노우볼과 촛대와 케이크가 있었다. 내가 내 생일을 연출하는 것을 시로 쓸 수 있을까? Happy birthday to me가 있다. 반 친구들을 모두 죽여 밀랍 인형으로 만들어놓고 자기 생일을 축하하는 뚱땡이 왕따 얘기다. 나는 이 영화를 본 적이 없다. 이 영화에 대한 정보만 있을 뿐이다. 시네마테크 알림 신문에서 본 정보다. 박찬욱이 자기가 본 B급 호러 영화를 소개하는 코너였다. 아닌가? 그냥 인터뷰에서 언급했던 것 같다. 나는 그 영화를 보고 싶다. 그렇지만 구하지 못했다. 그럼 내가 만들면 어떨까? 실제로 만드는 것이 아니라 어떻게 만들지와 만드는 것을 상상하는 글을 쓰는 것이다. 예컨대 나는 릴리슈슈의 모든 것을 보려고 했는데 극장에서 보고 싶었다. 그럴 기회가 없었다. 그래서 마음대로 상상했다.

사실은 상상하지 않았다. 느낌만을 상상했고 내가 상상하는 순간 느낌은 느껴졌고, 그 영화가 그 느낌을 구현, 전달하기를 바랐다. 나를 만족시키기를 바랐다. 그것은 나쁜 습관이다.

"병장과 일병, 일병이 동성애자, 둘이 경계 근무를 나갔다. 일병이 병장에게 마음이 동함. 일병이 병장에게 고백을 했다. 병장도 싫지는 않았다. 호기심 반. 그런 마음이 생겨서 딥키스를 하면서 한 것이다. 경계초소 탄약고에서 걸려 처벌을 받았다. 동기들 간에 성 관련 장난 하면 안 된다. 장난도 안 된다."
중대장이 이 얘기를 들려줬다. 여기 앉아 있는 애들 중에도 게이가 있을 텐데. 애들이 다 역겹다고 야유를 했다. 너무 슬프다.

2015.06.23.

 어제는 부식으로 수박이 나왔다. 고창 수박이었다. 김하늬는 수박을 못 먹는데. 부식이 자주 나오는데 먹기 싫어도 먹어야 한다. 반납이 가능하긴 한데 하는 사람은 거의 없다. 배식 일이 내일로 끝이다. 훈련보다 배식이 더 힘들다고 분대장이 말했다. 나도 그런 것 같다. 전화 안 시켜주면 진짜 억울해서 혀 깨물고 죽을 것이다.

 나는 애초에 그 어떠한 가능성도 반쪽짜리밖에 안 된다고 생각하며 살아가고 있는 것 같다. 그래서 메타시를 써도 메타가 우리에게 희망이라거나, 혁명이 모든 것을 바꿀 것이라거나 그런 얘기를 하지 못한다. SF 작가들이 자주 사용하는 방식이다. 착각 같은 거 없다.

 처음으로 엑스를 그었나 싶어서 찾아보니 첫 장에 이미 엑스를 쳐놨다. 나는 손으로 쓰고 있다. 정신교육을 받으며 중대장의 말을 필기하는 척하면서. 하염없이 아무렇게나. 나는 죽음에 대해서도 다시 쓸 것이다. 다시?

 오늘은 특히 힘들고 계속 하늬가 걸어오는 상상을 한다. 너무 피곤하다. 아무 보람도 없다. 배식 일을 계속 하고 있다. 그만했으면 좋겠다. 씻지도 못한다. 다른 놈들은 다 쉬는데 1분대만 배식을 하고 있다. 내일 아침에 끝나면 좋겠는데 저녁에 끝날 수도 있다.

평론가가 책을 좋은 책인지 아닌지 골라주는 독일 방송에 대해 들은 것은 김누리 교수로부터다. 걱정 많이 해서 무슨 소용이 있을까.

2015. 6. 24

오늘은 새벽 불침번이라 5시에 깼다. 스트레칭을 하고 팔굽혀펴기를 27회 했다. 매일 불침번 시간에 운동을 하고 있다. 몸이 너무 엉망이라서 너무 힘들다. 이게 컴퓨터였다면 엉망이라서 뒤에 너무는 뺐을 것이다. 지금은 6시다. 30분 후에 애들을 깨우고, 운동을 하러, 운동장에 가서 애국가를 4절까지 부르고 배식 일을 할 것이다. 갑자기 애들이 깨우지도 않았는데 화장실 간다고 나를 귀찮게 한다. 불침번이 화장실을 데려다줘야 하기 때문에 힘들다.

어제는 너무 힘들어서 얼굴에 짜증을 머금은 채로 살았다. 자살하고 싶다는 생각도 했다. 시간이 너무 안가서 그랬다. 여기서 인적성 검사랑 심리테스트를 했는데 처음으로 죽고 싶냐는 질문에 아니라고 대답했다. 하늬 때문이었다. 난 오래 살고 싶고 같이 사람이 없는 곳에 가고 싶다.

여기 오니까 내가 정말 인본주의자 같은 게 맞는지 의심이 될 정도로 인간이 다 싫다. 그래서 어제 내내 검증을 오래 해봤다. 난 인간 싫어한다.

나는 특히 남자새끼들이 더 싫다. 애네는 아무것에도 흥미가 없다. 롤에만 술에만 흥미가 있다. 정서 불안이 심한 양아치 훈련병이 하나 있는데 끊임없이 다른 애들을 괴롭히고, 어떤 유약한 하얀 애한테는 욕을 심하게 한다. 내가 나이가 많아서 못 괴롭히겠으니까 나만 보면 미치고, 반항하려고 한다. 나는 그냥 가만히 있다. 그리고 여기에 관찰해서 쓸 것이다.

여기에서 있었던 일을 그대로 기록할 필요는 없고, 그냥 할 일이 없는데 그렇다고 여유 시간도 충분치 않으면 기록하고, 아니면 연극이나 소설의 등장인물로 바꿔서 쓸 것이다. 글 쓸 시간이 너무 부족해서 5분 정도 쓸 수 있는데 괴롭다. 그래도 글을 안 쓰면 멍청이가 될 것 같다.

근 4일 동안 꿈을 많이 꿨다. 모든 꿈에 하늬가 나왔다. 그러면 다시 일상이었다. 얼마나 편안하고 안심이 됐는지 알 수 있었다. 일어나서 바로 옷을 갈아입고, 씻지 않고 운동장으로 나가면서 얼마나 행복했는지 생각했다. 알았다. 하늬랑 보냈던 시간 말고는 별로 그립지 않은 것 같다. 실제로 그렇다. 아무것도 그립지 않다. 아무것도는 아니다. 아무것도다.

편지가 왔다고 좋아들 한다. 아직 편지가 내 앞에 오지 않았다. 보급하는 애가 편지를 나눠 준다. 그런데 정신교육을 받으러 가야 돼서 보급을 못 받았다. 나는 하늬가 아직 편지를 안 썼을 거라고 생각한다. 그래서 못 받더라도 실망하지 않으려고 한다. 여기에 와서 내가 알게 된 것이 있다. 나는 정말로 가족을 별로 안 좋아하는 것 같다. 그래서 미안하다. 나한테 편지 안 쓰고 면회도 안 왔으면 좋겠다. 전화도 부모님에게는 안 시켜줬으면. 여기 애들이 부모님 생각하는 것을 보면 내가 너무 악마 같다. 뻥이다. 하나도 악마 같지 않다.

사람은 청소를 하기 위해 태어난다. 주인공들이 조금 있다. 아이고. 혼자 있을 수가 없다. 화장실도 시끄럽다. 내일이 6월 25일이다. 내일 또 무슨 귀찮은 일이 있을까. 지금 대령 출신이었던 재향군인 할아버지가 1+1은 2 같은 얘기만 계속 하고 있다. 이렇게 말을 재미가 없게 하니까 대령밖에 못 갔지. 그런 생각을 했는데 시간은 안 가고, 계속해서 NLL 얘기를 하고 있다. 이것이 바로 안보라고 한다. 이것이 뭔지 모르겠다. 새로운 도전이 시작됐다고 자꾸 그런다. 꿈을 가지라고 한다. 미쳤다. 무슨 초등학교 같다. 김하늬가 여기 있었으면 표정이 어땠을까 생각하니 웃음이 나왔다.

여기서는 가끔 강의 중에 사람들이 자꾸 꿈과 목표 비전 따위의 말을 하는데 왜들 그러는지 생각해볼 필요가 있다. 정훈 교육은 약간 재밌다. 훈련소장 강의가 그나마 가장 재밌었다. 자살 예방 교육을 하면서 DNA—지적 존재 설계론으로 빠져서 외계인 얘기를 할 줄 알았는데 신 얘기로 빠지더니 지옥이 어째서 존재할 수밖에 없는지를 설명하기 시작했다. 프리즌 브레이크를 보여주더니 설계자가 감옥 만들었을 것이고, 자살하면 그 감옥으로 가는데 거기가 지옥이지 않겠냐고 했다. 아주 대단한 얘기였다. 덕분에 점심을 늦게 먹어서 배식도 오래 했다. 배식하면서는 파리가 너무 많아서 애들이 파리 잡는 것을 봤다. 당연히 파리 섹스 동영상을 생각했고, 떠올랐고, 하늘 생각을 했다. 그게 웃기다고 했나. 파리는 여기서도 징그럽다.

여기서 얼마나 할 수 있는 일이 없냐면, 아니지, 없으면 내가, 아니지, 없냐면, 내가 교정기 고무줄도 밖에서보다 비교적 착실하게 끼운다는, 아니지, 끼운다. 아 너무 힘들다. 만년필도 그냥 들고 왔으면 좋았을 것 같다. 지금은 미쓰비시 0.38로 쓰고 있는데 곧 잉크를 다 쓸 것 같다. 잉크가 동날 것 같다. 군대에서 이렇게 정훈 교육을 하는데도 좌파가 한국에 있을 수 있는 이유가 뭘까. 이유가 많겠지. 군대에서 애네. 아.

 외가에 창민이라는 사촌이 있는데 사촌 조카라고 해야 되나. 아 모르겠다. 걔가 나보고 군대는 꼭 가셔야죠, 그렇게 말했던 게 생각난다. 여기서 나가고 나면 "그래도 군대를 가야 사람이 되지" 이렇게 말하는 인간들 하고는 상종을 하지 않을 것이다. 할아버지 저거 재향군인 강연하면 강의료 받으시나. 병신 같은 교육이지만 받으셨으면 좋겠다. 이미 연금 많이 받으시나. 그러면 멀리 부인 모시고 놀러 가서 돌아오지 마세요. 나라면 그러겠다. 여기 오이가 많이 나온다. 나는 안 먹는다. 하늬도 안 먹지. 수박이 나왔을 때는 웃겼다. 고창 수박이라서. 이미 썼구나.

 여기서는 수다를 제대로 떨 수가 없으니까 여기에 수다를 떨고 있는 것 같기도 하다. 집에서는 같이 얘기하면 시간이 잘 갔지. 우리가 채팅만 할 수 있어도 시간이 빨리 갈 것 같다.

 가난했을 때라고 하는 70, 60, 50년대의 한국은 체험담에 따르면 전 국민이 군인이었던 것 같다. 흡사 북한 같다. 잘사는 나라가 되어야 한다고 자꾸 강조한다. 나는 그냥 이민을 갔으면 좋겠다. 정말이다. 여기서 2년 보내면 아까워서 이민 못 갈 수도 있겠다. 나는 아니다. 나는 딴 데 가서 살고 싶다.

저녁까지 배식을 해야 되는 것 같다. 미쳤다. 정말로 미쳤다. 전화 안 시켜주면 진짜.

정말로 그린란드에 가서 살면 좋겠다.

결국 배식은 저녁에 하기로 했다. 인터넷 편지를 받았다. 지선, 엄마, 아빠, 하늬에게 왔다. 지선, 엄마, 아빠 순서대로 읽었다. 별 감흥이 없었다. 아빠가 7월 22일에 면회에 와서. 면회 와서 바비큐 파티를 한다고 했다. 솔직히 안 왔으면 좋겠다. 하늬만 왔으면 좋겠다. 그런데 아마 메르스 때문에 면회가 어차피 안 된다고 한다. 그러면 면회가 하루, 아니지, 휴가가 하루 추가된다고 한다.

하늬 편지를 받고 화장실에 숨어서 울었다. 모든 문장을 계속 다시 읽었다. 빨리 나오라고 해서 세수를 하고 운동장에서 다시 훈련을 했다. 돌아와서 다시 편지를 들고 화장실에 갔다가 또 눈물이 나서 혼났다. 매일 받으면 매일 울 수도 있을 것 같다.

정말이다. 다른 사람은 안 만나도 된다. 군대 오기 전에 다른 사람들 만난다고 둘이 있을 때는 홈페이지나 만들었던 것을 너무 후회했다. 그래서 또 화장실 가서 울었다. 성공의 춤은 추지 않았다. 일단 변비이고, 싸고 있으면 춤이 생각나서 눈물이 날 것 같았다.

엘리베이터를 타고 내려서 함께 현관문을 열고 들어갔던 순간들이 가장 많이 생각났다. 오늘은 그랬다. 너무 보고 싶다. 휴가를 가면 납치해서 울릉도에 가면 좋겠다. 아니면 울릉도에 갔다고 말하고 아무 곳에도 가지 않고 집에 있으면 좋겠다.

드디어 배식 일이 끝났다. 이제 씻을 수도 있고, 전화도 할 수 있을지도. 이 공책에 글 쓰는 일도 자주 할 수 있을 것 같다.

잠들기 한 시간 전이다. 또 편지가 왔다. 처음 읽으니 안심이 되었다. 안심이 되라고 쓴 편지라고 생각하고 다시 읽으면서 너무 행복하고 미안해서 또 울 뻔했다. 라운지에서 청소 중이었다. 나도 보내고 싶다. 그런데 안심은 못 시킬 것 같다. 나도 너처럼 하고 싶은데. 너무 사랑한다.

  오늘 여기에 많이 썼다. 무슨 말을 할 수 있을까. 하늬야 고마워. 네가 너무 보고 싶어. 난 네가 없으면 안심이 안 돼. 네가 편지 보내주기 전에는 어떻게 버티나 싶었는데 방금 총기 관리를 잘했다고 김근한 분대장에게 칭찬도 들었어. 웃기지. 나는 일찍 자고 일찍 일어나고 있어. 오늘은 꿈꾸면 좋겠어. 사랑해. 잘 자.

2015.6.25.

일어나서 양말을 왼쪽 오른쪽 고민했다.

아침에 체력장을 했다. 특급 받으면 휴가를 더 줄 수도 있다고 해서 해보려고 했는데 팔굽혀펴기와 윗몸일으키기에서 야매로 1급, 특급을 받았지만 1.5km 달리기에서 일이 생겼다. 32등으로 들어왔는데 갑자기 어지러워서 쓰러졌다. 그래서 의무실에 가서 구토를 하고 입에 상처가 나서 알보칠을 발랐다. 두통약을 받았다. 6년 만에 뛰어본 것 같았다. 그래서 그랬던 것 같다. 과거에는 잘 뛰었는데. 그래도 아침에 침대에 있었다.

공주, 일본, 섬, 군인, 간호장교, 오타쿠, 서로 죽임, 희곡, 시
훌륭한 리더가 되기 위해서는 팔로우십을 배워야 한다고 했다. 나는 리더 되기 싫다. 항상 그랬다.

여기까지 쓰다가 교육 시간에 일기 쓰는 것을 걸려서 크게 혼났다. 너무 속상하다. 몸은 아직도 안 좋고, 혼도 너무 크게 나서 앞을 보기가 힘들다. 비도 온다. 우울하다. 잘 하려고 했는데 항상 뭐든 부족한 것 같다. 잘해서 휴가도 받고

건강해지려고 했는데. 김하늬 볼 낯도 없다. 부끄럽다.

 잘하고 싶었는데 항상 잘 못했다. 나만 이렇게 나약한 것일까. 무의미의 축제를 더 읽었다. 소설을 쓰고 싶다. 여기서는 아무것도 쓸 수가 없다. 아무것도는 아니다. 무슨 말이든 하고 싶다. 무슨 말이나 할 수는 없다.

 하늬가 보고 싶다. 잘 지낼 수는 없다. 너를 생각하면 그렇다. 분대장이 어떤 훈련병에게 소리를 지르니 다 조용해졌다. 그 조용한, 그 적막이 내 기분 같았다.

 자고 싶다. 시간이 안 간다. 내일이 금요일이다. 오늘은 편지를 나눠주지 않는다. 두통이 심하다. 괜찮다고 말하는 것을 상상했다. 안 괜찮다고 말하는 것을, 답하는 나를 상상했다. 다시 괜찮다고 하는 너를 상상했다. 정말로 그랬을 것 같다. 죽었을 것 같다. 죽고는 싶지만 이제 죽기 싫다고 많이 말했다. 그 말을 지키고 싶다. 그러면 같이 다시 행복하게 지낼 날이 오겠지.

 저번에 하늬에게 전화하고 엄마에게 전화하고 나서 전화는 별로 하고 싶지 않아졌다. 아무 말도 할 수 없고, 너무 짧

기만 했다. 일기 쓰다 걸려서 포상 전화도 없을 것 같다. 시애기도 하고 싶다. 할 수 없다. 그럼 무엇을 할 수 있지. 나는 한 번에 하나밖에 하지 못한다. 여기서도 그렇다. 나는 사실 한 번에 두 가지는 한다. 여기서도 그렇다. 사실 잘 모르겠다. 한 번에 몇 가지를 할 수 있는지. 그게 어려운지. 한 번은 뭐지.

나는 너를 떠올리면서 너를 떠올린다는 글씨를 쓸 수 있다. 그런데 글씨 쓸 시간이 없다. 써서도 안 된다. 그러면 나는 할 수 있는 게 없다. 괴롭다. 하늬가 있으면 뭐든 할 수 있을 텐데.

방금은 소대장이, 다른 분대 소대장이 내게 혼을 내면서 너 애는 있냐고 물었다. 많은 사람들이 내가 애 있으면 그만 혼내고 애 없으면 더 혼낼 것처럼, 애가 있으면 전화를 시켜주고 없으면 시켜주지 않을 것처럼 군다. 나는 너무 슬프다.

여기서 나가면 애 낳지 않고 하늬랑 어딘가로 갔으면 좋겠다. 계속 그 생각만 한다. 애를 낳아야 된다고 그게 어른이라고 중대장이 말했다. 최근에 애를 낳았고 딸이고, 11개월 됐는데 너무 아프다고, 아니지, 너무 아팠다고, 그래서 자신이 성격이 변했다고 했다. 나는 변하기 싫다. 그런데 더 한심한 사람으로만 변해가는 것 같다.

여기 애들은 여백만 보이면 부모님, 건강, 아들이라는 글자를 쓴다. 나는 여기에만 하늬 얘기를 쓴다. 집에 보낸 소포에는 아무 편지도 쓸 수 없었다. 하늬에게 말이다. 쪽지를 조금 썼다. 아마 엄마, 아빠는 내가 보낸 쪽지를 보고 실망했을 것이다. 모두가 내게 실망한다. 그게 내가 하는 일이고 내 사명이다. 실망해라. 많이 해라. 하지만 하늬는 실망시키고 싶지 않다. 잘해주고 싶다. 너무 미안하다. 너무 사랑한다.

"인간은 고독 그 자체일 뿐이지요."
"오, 맞아요, 맞아요!" 다르델로 딸이 말했다.
"여러 가지 고독들로 둘러싸인 고독." 프랑크 부인은 이렇게 덧붙이고 나서 나머지를 꿀꺽 삼키고는 몸을 돌려 다른 곳으로 갔다.
자기도 모르게 라몽의 얼굴에 재미있다는 듯한 미소가 엷게 어렸다.
이것을 읽고 내 얼굴에도 그랬다.

이 생활관이 그렇다. 여러 가지 고독들로 둘러싸인 고독이다.

　무의미의 축제를 거의 다 읽었다. 이제 자야 하는데 조금 더 쓸 수 있었으면 좋겠다. 왜 쓰고 싶은가. 들려주고 싶고, 너에게 말하고 있는 기분이 들어서 쓰고 싶다. 이렇게 쓰고 싶은 것도 오랜만이다. 오랫만인가. 갑자기 모르겠다. 오랜만인 것 같다. 여긴 네이버가 없다. 무의미의 축제 같은 소설을 쓰고 싶다고 생각했는데 동시에 '~ 같은' 소설은 쓸 수 없다는 것을 알고 있고, 내가 그런 것을 쓸 수도 없을 거라는 걸 알았다.

　그래도 소설을 써야겠다. 이 소설을 읽으니 소설을 써야 될 것 같다. 내 시가 산문화되었던 이유가 있는 것 같다. 소설을 쓰려고 그랬던 것이다.

　그리고 나는 소설을 쓰지 않는다. 오늘은 편지가 오지 않았다. 여기는 하수구를 닦은 수세미로 숟가락을 닦게 하고, 수통 하나 바꿔주지 않고, 양말이든 뭐든 하나 잃어버리면 난리가 난다. 그런데 진중문고에서 책 가져가도 아는 사람 하나 없을 것 같다. 괜찮은 책은 거의 없다. 그래도 무의미의 축제는 좋았다.

2015.06.26.

시간이 너무 없으니까 글 쓰는 속도가 빠르다.

7월에는 bbb에 공지사항도 써야 되는데. 지금은 시간이 없으니 주말에 쓸 수 있을 것 같다. 책 소개. 6월의 책 소개도 써야겠다. 아직도 편지는 오지 않았다. 이제 편지 없으면 잠시도 못 있겠다. 주머니에 넣고 다니는데 읽고 싶어도 일과 시간엔 잠시 꺼내 읽을 시간이 없다. 나는 여기 오면 시간이라도, 아니지, 밖에서보다는 일에 시달리지 않을 줄 알았는데. 일에 시달리기보다는 대기 시간에 시달리고 있다. 기다리느라 바쁘다.

어제 편지를 그러니까 이 공책을 왕창 뜯어서 하늬에게 보냈는데 가기 전에 검열 있을까? 없겠지. 혹시 몰라서 무섭다. 괴로움이다.

절필 문학에 대해. 절필한 작가들의 마지막 작품 출판 시리즈 생각을 했다. 공고를 때리는 거다. 사후에 절필 작가 관리 시스템을 만드는 거다. 다시 글 쓴다고 하면 벌금 때리고. 인세 다시 뱉는 것으로 계약한다고 광고하면 좋겠다. 포스터를 만드는 거다. 일요일에 포스터를 만들어봐야지. 너무 괴롭다. 교정기가 입에 생긴 걸 계속 긁어서 아파 죽겠다. 언청이처럼 말을 하고 있다. 아파서. 사실 점점 할 말도 없고. 누가 말 걸어주면 고맙다. 불쌍해 보여서 말 걸어주는 것 같다.

하늬가 보낸 편지가 왔다. 이민휘 친구에게 보내야 한다. 이민휘에게 보내줘서 한 권이 비는 것 같아. 이민휘 친구 주소는 공책에 있는데 옛날 공책처럼 생긴 비둘기 있는 공책에 있나. 모르겠다. 나중에 꼭 보내줘야 한다.

나도 사랑해를 읽고 또 청소하다가 눈시울이 붉어졌다. 어제 오늘 너무 힘들다. 앞으로 더 힘들겠지. 비가 오면 판초우비인가를 입는데 냄새가 토 냄새가 난다. 그래도 재식 훈련인가는 안 받는다. 비가 왔으면. 배식을 안 하게 돼서 샤워는 한다. 가끔 뜨거운 물이다. 내가 왜 여기서 이러고 있나.

하늬야 1월의 책은 3쇄를 뽑고, 6월의 책을 최대한 빨리 뽑은 다음, 남은 3쇄는, 3쇄 남은 것은 언리미티드 에디션에서 팔고 그때 가서 광고하면 될 것 같아. 5월의 책이었나. 6월의 책이 아니라. 모르겠다. 어쨌든 책 제목은 결혼한 김승일로 해주고, 소개는 곧 써서 보낼게. 다음 책이 잘 팔릴지는 모르겠지만 기간을 짧게 두는 것을 룰이라고 생각하고 다음 책 나오면 안 파는 것을 지키면 좋을 것 같아. 안 파는 게 아니라 쇄를 더 안 찍는 거였나? 어쨌든 그러면 좋을 것 같아. 어차피 네가 다 잘 해줄 거라고 생각해서 1월의 책이나 회사 생각은 거의 못 하고 너랑 도망가고 싶다는 생각만 해. 미안해. 너무 걱정만 시키는 것 같다.

2015.06.28.

불침번 중이다.

절필 작가 모집 포스터를, 서식을 써서 보내려고 해. 이걸 bed 항목에 업데이트 하고, 포스터로 뽑아서 카페나 책방에 가져다주면 광고가 될 것 같아. 어그로 끄는 느낌으로.

절필할 작가를 찾습니다

내용: 안녕하세요. 도서 출판 badbedbooks입니다.
저희가 새로운 시리즈 도서를 기획 중입니다.
절필 작품 시리즈인데요. 유명한 작가 여러분 중에서 절필을 계획하고 계시는 분들은 필히 연락 주시길 바랍니다.
→ 내용 추가 부탁
시국이 마음에 안 들어서, 문학에 회의감이 들어서, 왠지 절필하면 좋을 것 같아서 등등. 사유는 따지지 않습니다. 절필 작가선에 당당히 당신의 이름을 올려보세요.

모집 조건: 유명해야 함. (문학 관련 모든 장르 허용)
혜택: ① 절필 작가선은 제작비를 제외한 순수익을 모두

인세로 지급합니다.

② 절필 기념 트로피를 드립니다.

③ 3개 국어로 번역하여 세계에 판매.

※주의사항: 단, 절필을 취소하고 신문에 연재, 기고라도 하시는 날에는 지급된 돈을 전액 반납하셔야 합니다.

contact: badbedbooks@gmail.com
작가 약력 포함 메일로 문의

홈페이지: http://badbedbooks.kr

그리고 책 판매 페이지에서, 1월의 책이 다 팔리면 팔았던 책이라는 항목을 만들어서 거기 넣어놓으면 좋을 것 같아. 그리고 절판된 책을 구입하고 싶을 때는 사유+POD? 값을 내면 판매하는 건 어떨까 생각해봤어.

아침에 팔이 안 올라가서 병원에 다녀왔다. 성당도 못 가고. 긴 시간 기다렸다. 하늬가 있어서 그래도 다행이야. 없었으면 이런 느낌도 없었을 거야. 그런 생각을 하면서. 그래도 너무 지루하고, 심심해서 같이 여기 논산까지 차 타고 오면서 뽀뽀하고 손잡고 왔던 것을 떠올렸다. 훈련소 앞에서 네가 자꾸 뒤처져 걸었던 것도. 너무 속상했다. 내가 너무 싫었다. 꿋꿋하게 잘 지내는 네 모습도 상상했다. 왜 나는 너보다 너무 약할까. 정신 차려라 승일아. 너 괴롭다고 하늬 괴롭히지 마라. 네. 네. 고개를 끄덕였다. 하지만 나는 잘 바뀌지 않고. 하늬가 멋있다. 멋있는 애다. 그런 생각만 했다. 너무 보고 싶다.

종이가 너무 부족한데, 혹시 노트 하나 보내줄 수 있으면 보내주면 좋겠어. 아마 받을 수 있을 거야.

2015.06.29.

  담배 하나, 한 개비, 담배랑 롤만 있으면 최상의 조합이라고 몇이 얘기했다. 나는 줄리언 반스의 메트로랜드를 읽으면서 생각했다. 전에 네가 얘기했던, 천장이 유리로 된 전시실, 방에서 너와 내가 생활하고 돈을 받는 것을. 받으면 어떻겠냐고 했던 것을. 나는 너만 있으면 될 것 같다. 된다. 아무것도 그립지 않다. 너만 있으면 여기서 10년도 있을 수 있다. 정말이다.

  너랑 얘기하고 싶다. 얼굴을 보면서. 손을 잡고. 얘기를 하고 싶다. 아니면 그냥 얼굴만 보고 싶다. 그러기만 해도 다 괜찮을 것 같다. 원래 세상이 이렇지. 재미없고, 바보들로 가득 차서. 그래 네가 말했던 것처럼 불쌍한 사람들이지. 그리고 나는 그 사람들로부터 너에게로 도망치고 싶고 너와 함께 더 먼 곳으로 도망치고 싶다. 이제 알겠다. 원래 알았다. 그렇게 정해져 있었다.

  시계를 빼고 살았다. 시간이 더 천천히 가는 것 같아서. 오늘 시계를 찼고, 시계를 봤다. 시간이 천천히 갔다가 빨리 갔다가 한다. 복잡하다. 정신을 잘 차릴 수가 없다.

어깨에 통증이 와서 단독 군장으로 경계 훈련을 갔다. 두 시간을 걸어서 훈련장에 갔다. 굉장히 더웠다. 너무 답답했다. 걸어서 멀리 가는 건 좋았다. 천천히, 아주 오랫동안 여기서 나가면 하늬에게, 하늬와. 그런 생각을 계속 했다. 보답 같은 거 바라지 않고. 그냥 너를 사랑한다는 것만으로도 행복하다고. 너는 그랬다. 걸으면서 그게 무슨 뜻인가 생각했다. 어떻게 하면 그럴 수 있나 생각했다. 그러고 있는 것 같았다. 더 이상 걱정시키면 안 된다고. 그래도 뭘 하고 있을까. 너무 궁금해서 미칠 것 같았다. 어떤 표정인지, 기분인지. 집에서 뭘 하는지. 김승일은 만들어 놨는지. 궁금하다. 궁금하고, 상상하고, 계속 눈물이 날 것 같다가도 웃다가도. 여기 있을 날이 너무 오래 남았구나. 다치고 싶다. 여기서 나가고 싶다. 네가 없으면 혼자서는 더 이상 할 수 없을 것 같다. 원래 혼자서 어떻게 살았지. 이렇게 다시 너를 걱정이나 시키는 것이다.

하늬야, 나는 성당에 갔어. 그리고 벌써 성당만 일곱 번 다녀왔어. 입영 심사대에서 수요일에 한 번 토요일에 한 번 일요일에 두 번 갔어. 여기 와서 토요일 한 번, 일요일 두 번을 다시 갔어. 성당은 제일 인기 없는 종교야. 여자들이 안 나오고 진짜 미사만 보고 성서 공부만 하거든. 그런데 난 시끄러운 게 너무 싫고, 너를 조용히 생각하고 싶어서 성당에 갔어. 어제는 하느님에게 말했어. 난 이제 하늬만 사랑하고, 하늬를 위해서만 살래요. 그래야 내가 행복하고, 난 그것밖에 할 수 없어요. 같이 있으면 항상 얼굴 보고, 같이 얘기하고, 일하고, 뽀뽀하고 드라마 같은 것도 안 볼래요. 죄송합니다.

이게 끝날까. 모르겠다. 망상을 했다. 내가 이미 전역했다면. 그래서 하늬랑 살고 있다면. 어쩌면 여기 지금 와서 좋은 것도 있다. 결심을 했다. 너 옆에 붙어서 안 떨어지고, 너만 보면서 살아야지. 회사도 다 그만두게 하고. 굶어 죽든 말든 너만 봐야지. 같이 모든 걸 해야지. 너가 없으면 안 돼. 너를 너무 사랑해.

하루 종일 편지만 기다리고, 항상 네가 보낸 편지를 주머니에 다 넣고 다니면서 계속 읽는다. 너랑 대화를 한다고 생각하면서. 너가. 너를. 아. 너무 힘들다. 죽고 싶지 않다. 잘 참고 싶다. 하늬야. 잘 자. 사랑해.

연보

1987년 출생   6월 22일 한국 경기도 과천시에서 태어남.

1989년 2세   기억나지 않음.

1990년 3세   오이를 먹고 토함.

1991년 4세   책을 좋아하게 됨.

1992년 5세   성심유치원에 입학.

1993년 6세   시계를 볼 수 있게 됨. 예지유치원 입학.

1994년 7세   피아노를 배우기 시작함.

1994년 8세   관문국민학교에 입학함. 2학기에 관문초등학교가 됨.

1995년 9세   초등학생 대상의 그림대회에서 3등 상을 많이 받음.

1996년 10세   유복한 가정환경 속에서 랍스터나 소고기를 많이 먹음.

1997년 11세   사람들로부터 미친놈이라는 소리를 많이 듣게 됨. 어머니가 울었음.

1998년 12세   관문초등학교 축구부에서 입단.

1999년 13세   허윤희라는 동급생에게 호감을 표하지만 짝사랑으로 그침.

2000년 14세   과천중학교에 입학함. 성적이 크게 떨어짐.

2001년 15세   서점에서 책을 훔치다가 걸려서 크게 혼남. 성적이 크게 오름.

2000년 16세   경기도 육상대회 중등부 400M 달리기에서 3위 입상.

2003년 17세   공부를 하지 않고 시를 써서 대학에 진학하려고 함. 안양예술고등학교 문예창작과에 입학함. 박성준과 최원석을 만남.

2004년 18세   태어나 처음이자 마지막으로 문화생활이라는 것을 함. 친구들과 함께 〈지구본 클럽〉이라는 그룹을 만들어서 아무것도 하지 않음.

2005년 19세   가톨릭 성당에 다니기 시작함. 바우돌리노라는 세례명을 받다.

2006년 20세   2월 안양예술고등학교를 졸업함. 3월 명지대학교 문예창작과에 입학함. 잦은 음주로 인해 식도염, 십이지궤양에 걸림. 6월에 자퇴하면서 시와 멀어지게 됨. 아버지의 형편이 조금씩 나빠지기 시작함.

2007년 21세   3월 한국예술종합학교 연극원 극작과에 입학함. 친구 민정기와 함께 동생 김지선이 유학 중이던 호주 시드니로 여행을 떠남. 자동차 사고가 남. 성당을 나가지 않게 됨.

2008년 22세   5월 단막 희극 「Formae」를 한국예술종합학교 식당 앞에서 초연하지만 별다른 반응이 없음. 이후 극단 〈한배에서나온개새끼들〉을 만들지만 몇 달 후에 없던 일이 되어버림. 밴드를 만듦. 이원 시인에게 수업을 들으면서 다시 시를 쓰기 시작함.

2009년 23세   6월 『현대문학』 신인추천을 통해 시인으로 데뷔함. 김영재와 함께 인도 북부로 여행을 떠남. 인도를 증오함. 아직 시를 한 편밖에 발표하지 않은 상태에서 문학과 지성사와 구두로 계약함. 현대시 11월호에 「부담」을 발표함.

2010년 24세   한국예술종합학교를 휴학함. 총 37편의 시를 발표함. 첫 시집의 표제작, 「에듀케이션」을 쓰고 강의실에서 낭독함. 김영재와 함께 인도 남부로 여행을 떠남. 중간에 김영재와 헤어져서 다시 인도 북부로 향함.

2011년 25세   잠시 포항에 체류. 거기서 유일하게 첫 시집에 수록되지 않은 시 「토끼년」을 쓴다. 이랑에게 「나의 자랑 이랑」을 헌정함. 혹평을 받음. 안식년을 맞아 제주도로 떠난 대학교수 김태웅의 방에서 생활.

2012년 26세   2월 한국예술종합학교를 졸업함. 다시 성당에 나감. 5월에 첫 시집 『에듀케이션』이 발간됨. 안양예술고등학교에서 시와 시나리오 쓰는 법을 가르침.

2013년 27세   3월 중앙대학교 대학원 문화연구학과에 입학. 재미공작소에서 시를 가르침. 박성준, 김엄지와 함께 『소울반띵』이라는 책을 출간.

2014년 28세   대학원 신문 편집장으로 일함. 대학원 수료. 시 쓰는 일에 회의감을 느낌.

2015년 29세   1월 자살을 결심함.
2월 결혼.
6월 15일 입대.

6월의 책
ⓒ 김승일, 2021

2015년 11월 10일 초판 1쇄 발행
2021년 4월 10일 초판 2쇄 발행

지은이 | 김승일
펴낸이 | 김승일

펴낸곳 | badbedbooks
주소 | 서울시 마포구 망원로 65(망원동) 2층
홈페이지 | completecollection.org

ISBN 979-11-955565-2-6 03810

이 책은 저작권법에 의해 보호를 받는 저작물입니다.
이 책에 수록된 글을 사용하고자 할 때에는 반드시 저작권자와 badbedbooks의 서면 허락을 받아야 합니다.